나는
혼자
일하고 싶다

나는 혼자 일하고 싶다

초판 인쇄   2020년 2월 1일
초판 발행   2020년 2월 10일

지은이   뇌달
펴낸곳   다른상상

등록번호   제399-2018-000014호
전화   031)840-5964
팩스   031)842-5964
전자우편   darunsangsang@naver.com

ISBN   979-11-90312-06-6 03320

이 도서의 국립중앙도서관 출판예정도서목록(CIP)은 서지정보유통지원시스템홈페이지(http://
seoji.nl.go.kr)와 국가자료공동목록시스템(http://www.nl.go.kr/kolisnet)에서 이용하실 수 있습
니다.(CIP제어번호: CIP2019053436)

나는
혼자
일하고 싶다

뫼달 지음

다른
상상

1년 만에 10년치 연봉을 번
소심남의 홀로서기

편안하게 직장을 탈출한
한 남자 이야기

난 인생의 중요한 기로에서
항상 세상의 기준에 맞춰 선택했다.

전망이 좋다고 해서 수의학을 전공했다.
11년의 긴 방황 끝에 서른이 되어서야 졸업했다.

또다시 선택의 기로 앞에서,
취직이 잘될 만한 직종을 선택했다.

결국 나는 직장인 우울증에 걸렸다.

뭐가 문제였을까?

평생 하고 싶은 일이 아닌 취업률을 기준으로
전공을 선택했다.
소심하고 예민한 성격이었지만,
빨리 취직하기 위해 첫 직장은
제약회사 영업직을 선택했다.

고민 없이 세상의 기준에 맞춘 선택의 끝은
언제나 방황이었다.

답답한 현실 속에서 문득 두려움이 생겼다.
이렇게 살다가는 40대, 50대가 되어도
계속 방황할지도 모른다는.

어떻게든 방법을 찾아야 했다.
긴 고민 끝에 나름의 결론을 내렸다.

이제부터 무엇이든 세상이 아니라
'나'를 기준으로 선택하자.

나를 기준으로 선택하려면 먼저 나를 알아야 했다.
내 성향은 무엇인지, 욕구는 무엇인지,
흥미는 무엇인지, 강점은 무엇인지.
책을 보고, 심리 검사를 하고,
지금까지의 삶을 찬찬히 돌이켜봤다.

내가 원하는 삶의 그림이 조금씩 그려졌다.

혼자 자유롭게 일하며
동시에 인생을 즐길 수 있는 삶.
그리고 인생에 뭔가를 남기는 삶.

하지만 지금 내 모습과
원하는 삶과의 격차는 너무나 컸다.

이렇게 해야 하지?

회사에 다니면서
사이드 프로젝트를 시작했다

혼자만의 조용한 도전.
그러나 나는 계속 이어나갔다.

해야 했으니까.
지금처럼 살고 싶지는 않았으니까.

40대, 50대에도 방황하고 싶지는 않으니까.

회사 다니면서 좋아하는 일 찾기까지

시대가 변함에 따라 사람들의 호응을 얻는 콘텐츠도 조금씩 달라지는 것 같다. 최근에는 불확실한 미래를 위해 아등바등 살기보다는 '노력하지 않아도 괜찮다', '지금 이대로도 당신은 괜찮은 사람이다', '대충 살자' 같은 위로와 공감이 담긴 콘텐츠가 큰 호응을 얻고 있다. 변화보다는 안정을 중요시하는 사람에게 굳이 노력할 필요가 없다는 말만큼 달콤한 게 있을까.

　당신에게 위로와 공감만으로도 충분하다면 더 할 말은 없다. 하지만 책을 읽을 당시에는 위로받았던 마음이 며칠이 지난 후 여전히 불만족스러운 현실 앞에서 무너져 내린다면 다른 조언을 찾아야 한다. 1년에 책 한 권도 읽지 않는 사람이 수두룩한 가운데 자기계발서를 집어 든 당신은 변화를 원하는 사람일 가능성이 크다. 마찬가지로 변화할 가능성도 클 것이다. 하지만 알다시피 자기계발은 참 어려운 일이다. 많은 사람이 현재보다 더 나은 미래를 위해 책을 읽고 공부를 하고 경험을 쌓지만, 삶이 쉽게 바뀌지는 않는다. 혹자는 적은 노력만으로도 삶이 변한다고 주장한다. 예를 들어 말하는 방식에 조금만 신경 쓰면 인생이 달라질 수 있다는 주장이다. 과연 그럴까? 물론 인생에 약간은 도움이 될 것이다. 하지만 적은 노력만으로 인생이 바뀌는 게 사실이라면 아마 서점에서 자기계발서는 이미 사라졌을 것이다.

미안하지만 적은 노력은 적은 변화밖에 일으키지 못한다. 극소수의 운 좋은 사람을 제외하면 삶 자체를 변화시키기 위해서는 각고의 노력이 필요하다. 퇴근 후 하루의 피곤함을 잊기 위해 술을 마시거나 소파에 누워서 스마트폰을 보는 대신 책상 앞에 앉아야 한다. 남들이 주말이라고 나들이 갈 때도 취준생처럼 치열한 하루를 보내야 한다.

나 역시 몇 번이고 포기하고 싶었다. 직장에 다니면서 내가 좋아하고 잘할 수 있는 일을 찾는 과정은 순탄치 않았다. 소심한 성격이라 간혹 미디어에서 볼 수 있는 용자들처럼 당장 회사를 그만두고 몰두할 수도 없었다. 하지만 포기하지 않고 차근차근 노력한 결과 글쓰기와는 거리가 멀었던 평범한 회사원이었던 나는 판타지 소설가가 될 수 있었다. 내가 쓴 소설을 많은 사람이 읽었고 그 덕에 직장인으로는 상상하지 못했던 수입이 들어오기도 했다. 결과적으로 영업사원으로 시작한 8년 동안의 직장 생활을 멈출 수 있었다. 그리고 전업 콘텐츠 크리에이터의 길을 걸으면서 내 삶은 완전히 바뀌었다.

내 이야기가 멋진 성공 스토리는 아니다. 남다른 용기가 있어서 회사를 그만둔 게 아니라 월급보다 인세가 많아지자 퇴사를 결정했다. 10개월 동안 썼던 첫 번째 소설은 독자로부터 철저하게 외면당했다. 글쓰기가 성향에는 맞았지만, 딱히 재능이 있는 건 아니었다. 글쓰기라는 콘텐츠를 찾기까지는 3년, 콘텐츠로 돈을 벌기까지는 5년이 걸렸다. 나는 그저 내가 원하는 삶을 살고자 하는 마음을 놓지 않고 시간을 들여 조금씩 나아갔을 뿐이다.

많은 사람이 과거의 내 모습과 비슷하리라 생각한다. 위로와 공감만으로는 만족할 수 없고 더 나은 삶을 살고 싶지만, 어디서부터 시작해야 할지 막막한 사람들. 직장 업무가 너무 많아 시간이 부족한 사람들. 대출금이나 반대하는 부모님 등 현실의 벽 앞에서 포기하고 싶은 사람들. 모든 걸 다 뒤로하고 도전할 수 있는 용기까지는 없는 사람들. 모두 과거의 내 모습이다.

당장은 극복하기 힘든 문제 같지만, 마음이 있는 곳에는 길이 있게 마련이다. 이미 성공한 사람들은 공통적으로 좋아하는 일, 잘하는 일을 찾기 위해서는 실패를 무릅쓰고 다양한 경험을 해봐야 한다고 말한다. 하지만 자신에게 잠재된 능력이 무엇인지 알지 못하는 상황에서 무작정 노력만 해서는 원하는 결과를 얻기가 힘들다. 이 책에는 내가 영업사원에서 콘텐츠 크리에이터가 되는 과정과 문제를 해결하면서 얻은 나름의 깨달음을 담았다. 모든 사람에게 통용될 수는 없겠지만, 최소한 노력의 방향에 대한 힌트는 얻을 수 있을 것이다. 한 꼭지씩 따라간다면 내가 삶을 바꾸는 데 걸렸던 시간을 당신은 훨씬 단축할 수 있을 것이라 생각한다.

만약 당신이 남들 다 쉴 때 미래를 위해 노력하고 있다면 그것만으로 이미 대단한 것이다. 당장은 결과가 나오지 않을 수 있다. 모소대나무는 심은 지 4년간은 전혀 자라지 않는다. 땅속으로 뿌리를 열심히 내린 후 5년째부터 자라기 시작하는데 6주 만에 15미터 이상 자랄 정도로 무섭게 성장한다. 비록 노력하는 시간이 길어질 수는 있어도 자신에게 맞는 일만 찾는다면 모소대나무처럼 어느 순간 급격하게 인생이 바뀌게 될 것이다. 부디 이 책이 자신의 길을 찾는 과정에 자그마한 도움이 되길 바란다.

차례

PART 1_
영업사원에서 콘텐츠 크리에이터가 되다

PART 2_

마흔이 되기 전 홀로서기가 필요하다

PART 3_

누구에게나 콘텐츠는 있다

PART 4_

1인 크리에이터로 승부하라

PART 1

영업사원에서
콘텐츠 크리에이터가 되다

밖을 바라보는 자는 꿈을 꾸고 안을 바라보는 자는 깨어난다.

-칼 구스타프 융, 심리학자

언제나
세상 탓은 쉽다

세상을 탓하고 기회를 탓하기는 쉽다.
하지만 쉽게 할 수 있는 일로 바뀌는 건 없다.

1982년 호주에서 태어난 남자는 팔과 다리가 없는 지체장애인
으로 태어났다. 학교에서 따돌림을 당해 심한 우울증에 빠진
그는 여덟 살 때부터 자살을 생각했다. 하지만 그는 신문을 통
해 지체 장애라는 편견과 차별 때문에 힘들어하는 사람이 자신
만이 아니라는 걸 깨닫는다. 그날을 계기로 남자는 자신의 이
야기를 사람들 앞에서 솔직하게 털어놓았고 열일곱 살에 비영

리단체인 'Life Without Limbs(사지 없는 인생)'을 시작했다. 사회사업가이자 국제적으로 영향력 있는 동기부여 연설가인 닉 부이치치의 이야기다.

1954년 미국에서 태어난 여자는 어린 시절부터 고난을 겪었다. 그녀는 지금보다 인종 차별이 심했던 시절에 흑인으로 태어났고 아홉 살에는 사촌에게 성폭행을 당했다. 열네 살에는 미혼모가 되었고 얼마 지나지 않아 아들은 사망했다. 마약으로 하루하루를 버티며 세상을 원망했던 그녀는 친아버지의 헌신적인 노력을 계기로 변화를 원하게 된다. 사생아에다 흑인, 게다가 뚱뚱하고 미혼모였지만 그녀는 결국 차별을 이겨내고 진행자로서 자신의 이름을 내건 토크쇼를 대성공시켰다. 그녀는 이제 억만장자이자 세계에서 가장 영향력 있는 유명인사 100인에 포함되는 최고의 명사가 되었다. 그녀는 오프라 윈프리다.

1980년 대한민국에서 태어난 남자는 중산층 가정에서 태어나 물질적으로 큰 어려움이 없는 유년 시절을 보냈다. 몸이 조금 약하고 수줍음을 잘 타는 소심한 성격이었지만, 학교에서 괴롭힘을 당하지도 않았고 문제를 일으키는 학생도 아니었다.

대학교 전공도 수능 점수에 맞춰 부모님이 권해준 학과에 지원했고 합격했다. 다른 사람이 정해준 전공은 적성에 맞지 않아 방황을 거듭했고 10년 만에 대학교를 졸업할 수 있었다. 서른 살에야 힘겹게 들어간 직장에서 그는 또 방황한다. 직장인으로 살아가는 것이 성격과 맞지 않을뿐더러 원하는 삶과도 거리가 멀었기 때문이다. 하지만 팔다리가 없이 태어난 호주 남자와 온갖 차별을 이겨낸 미국 여자와 달리 한국 남자는 뭔가를 하는 대신 시대와 세상을 탓했다.

> 직장인이자 예비 구직자인 그의 눈으로 본
> 대한민국은 혼돈 그 자체다.

뉴스에서는 청년 실업률이 연이어 사상 최고치를 경신했다고 한다. 체감 실업률로 보면 청년 네 명 중 한 명은 실업 상태라는 암울한 분석도 어김없이 이어진다. 이런 가운데 공공기관과 금융권의 채용 비리 뉴스는 그를 분노하게 만든다.

회사에 취직해 열심히 다니고 싶어도 문제다. 대기업 기준으로 1년 이내에 퇴직하는 신입사원 조기 퇴직률이 진즉에 23%를 넘어섰다. 어렵게 들어간 직장, 그것도 대기업을 네 명

중 한 명은 얼마 다니지 않고 그만둔다는 말이다. 미래에 대한 불안감, 직장 내 인간관계 등으로 회사 우울증을 경험한 직장인이 무려 열 명 중 여덟 명이다. 그렇게 원하던 '취직'을 했음에도 우울감, 절망감 등 정신적인 증상을 넘어 식욕, 수면 장애까지 겪는다니 기가 막힐 노릇이다. 그렇다고 창업하기도 힘들다. 딱히 창업 아이템이 있는 것도 아니고 모아둔 자금이 충분하지도 않다. 무엇보다 실패에 대한 두려움이 앞선다. 한 번 실패하면 재기하기가 쉽지 않은 사회라 창업은 더 조심스러울 수밖에 없다.

취직이 안 돼도 불만, 취직이 돼도 불만. 귀감이 되어야 할 부모 세대는 시원한 해답을 내놓지 못하고 있다. 그저 노력이 부족하다는 말, 다들 그렇게 살았다는 말, 유난 떨지 말라는 말만 반복할 뿐이다. 어쩌면 지금 시대와는 완전히 다른 시대를 살아온 그들이 할 수 있는 최선의 조언일지도 모른다. 우리는 노력과 결과가 별개인 시대, 아무도 정답을 확실하게 제시해주지 못하는 시대, 미래에 대한 불안이 극도로 커진 시대, 한마디로 혼돈의 시대를 살고 있다.

대안이 마땅치 않으니 부동산, 주식 투자와 같은 재테크에 사람들이 몰리는 건 자연스러운 현상이다. 뭔가가 돈이 된다고 하면 하나같이 한쪽으로 우르르 몰려가는 상황이 반복된다. 하지만 자본, 정보, 시간의 격차는 성공의 가능성을 좌지우지한다. 자리를 선점해 물고기를 잡은 사람은 이미 떠난 지 오래다. 텅 빈 어장에 몰려든 사람들끼리 자리를 다투며 무작정 낚싯대를 던지지만, 물고기가 잡힐 리 없다. 돈을 버는 사람은 극히 일부일 뿐이고, 그나마 모아둔 자금마저 털리기 일쑤다.

어떻게든 버티려 해도 국내 30대 기업의 평균 근속연수는 약 10년. 자의든 타의든 취직하고 10년 정도 일하면 평균적으로 회사를 그만두는 시대다. 평생직장이라는 단어는 이미 고대의 유물이 되어버린 지 오래다. 이런 상황에서 전문가들은 4차 산업혁명의 시대가 급진전하고 있다고 주장한다. 이들은 인공지능과 로봇이 우리의 일자리를 빼앗을 가능성이 크다고 말한다. 기업도 4차 산업혁명의 흐름에 맞춰 변화할 것으로 예상한다. 빠르게 변하는 사업 환경에 대응하기 위해 조직 구조와 인력 고용의 효율성과 유연성이 중시될 것이다. 그 결과 정규직 대신 단기 계약 근로자와 프로젝트성 근로자가 늘어날 수 있다. 재택근무나 프리랜서도 마찬가지다. 하지만 여전히 많은 직장인은 대안을 찾지 못한 채 또다시 힘들게 오늘만을 버텨내고 있다.

충분히 시대와 세상을 탓할 만하지 않은가?

부끄럽지만 1980년에 대한민국에서 태어난 남자는 바로 나다. 직장인으로 살고 싶지는 않지만, 아무리 길을 찾아도 대안이 없었다. 뉴스를 보며 답답한 세상에 욕을 하고 싸움만 하는 국회의원에게 분노의 댓글을 달며 화풀이만 했다. 독일에서 태어났으면 같은 직장인이더라도 일이라도 적게 했을 텐데. 이곳이 북유럽이었다면 은퇴해도 충분한 연금으로 노후 걱정은 안 했을 텐데… 시대 탓, 나라 탓, 정부 탓, 남 탓. 참 쉬웠고 참 편했다.

그런데 어느 순간부터 남 탓이 허무해졌다. 아무리 탓을 해도 바뀌는 건 없고 난 여전히 하루를 근근이 버티는 직장인일 뿐이었다. 아니, 오히려 세상은 더욱 살기 어려워진 것 같았다. 상사가 시키는 일만 끝내는 데도 야근은 기본이고 집에 오면 쉬기 바쁜 게 현실. 당장 다음 달 돌아올 카드 값만 잘 넘기면 다행인 상황에서 아직 다가오지 않은 미래를 대비하는 일은 사치가 되었다. 때때로 노후와 미래에 대한 불안감이 스멀스멀 올라오지만, 딱히 할 수 있는 게 없는 상황이 이어졌다.

난 세상 탓을 그만하기로 했다. 아무리 탓해도 세상은 변하지 않는데 삶에 대해 냉소적, 비관적으로 변해가는 자신을 느꼈기 때문이다.

닉 부이치치와 오프라 윈프리가 살았던 세상은 나와는 비교할 수 없을 정도로 절망적이었다. 충분히 세상을 탓할 만했지만, 그들은 거기서 멈추지 않았다. 그 대신 자신에게 집중했고, 그 덕분에 자신만의 길을 개척할 수 있었다.

세상 탓을 멈추라는 것이 내 탓을 하라는 말은 아니다. 누구의 탓을 따지는 것은 중요하지 않다. 중요한 건 세상 탓하기를 멈췄다는 사실이다. 아무리 작더라도 익숙한 행동을 바꾸고 꾸준히 유지하는 건 쉽지 않은 일이다. 물론 그것만으로 삶이 바뀌지도 않는다. 하지만 모든 변화는 작은 시도에서 시작된다. 말투를 바꾸는 것, 매일 깔끔하게 옷을 입는 것, 하루에 한 번씩 산책하는 것만으로도 변화는 시작된다.

어정쩡한 삶에서
벗어나기

괴로움은 나 자신을 들여다보라는 신호다.
신호를 무시하거나 밖에서만 찾으면 괴로움은 반복된다.

지금의 일을 찾기 전까지 내 인생은 혼란과 방황으로 가득 차 있었다. 고등학교 때까지는 적당히 놀고 적당히 공부하면서 별다른 생각 없이 살았다. 문제는 그다음부터였다. 대부분 수험생처럼 뭘 좋아하는지 혹은 뭘 잘하는지 몰라서 수능시험 점수에 맞춰 수의학을 선택했다. 동물을 좋아한다는 검증되지 않은 이유에다가 졸업 후 취직 걱정은 없다는 현실적인 이유가 더해져 부모님이 내려준 결론이었다. 하지만 해부 실습 시간에 동기들이 아무렇지 않게 오징어 눈알을 뽑는 걸 보면서 동물을 치료하기 위해 배를 가르고 피를 봐야 하는 수의학이 적성에 맞지 않는다는 걸 깨달았다.

문제는 수의사가 적성이 아니라는 것은 알겠는데 내가 뭘 하고 싶은지는 알지 못한다는 사실이었다. 막연하게 한의사가 되고 싶다는 꿈은 있었다. 다만 진짜로 좋아서 하고 싶은 건지 남들이 알아주는 직업이어서 되고 싶은 건지 알 수 없었다. 마음이 붕 뜬 상태로 한 학기를 다니고 결국 휴학에 이은 반수를 결정했다. 하지만 명확한 목표가 없는 상태에서 시험을 잘 볼 리가 없었다. 시험을 망친 후 소득 없이 복학했고 그때부터 10년의 방황이 시작되었다. 운이 없게도(?) 내가 입학한 해부터 수의학과는 6년제 학제로 바뀌었다. 나에게는 고민할 시간만 늘어난 셈이었다. 그렇다고 적성이나 인생에 대해 치열하게 고민하지도 않았다.

제대로 노는 것도 아니고 그렇다고 공부하는 것도 아닌, 한마디로 어정쩡한 삶이었다.

전공에 마음을 붙이지 못한 이유와 함께 내성적인 성격도 방황에 한몫했다. 안 그래도 수줍음이 많고 조용한 성격인데 휴학까지 한 탓에 후배들과 함께 수업을 들어야 해서 자연스럽게 아웃사이더가 되었다. 전공에 관심도 없고 친구도 거의 없는 대학 생활이 즐거울 리 없었다. 유일한 낙은 만화방이었다. 수업이 없는 날이면 아침에 만화방에 출근해 눈이 충혈돼서 아플 때까지 만화책과 판타지, 무협 소설을 읽었다. 현실에서의 답답함을 만화와 소설의 주인공을 통한 대리만족으로 잊었다. 하지만 만화방은 그저 도피처였다. 다시 현실로 돌아왔을 때 앞으로의 삶에 관한 그림은 여전히 없었다. 여전히 대인 관계는 원만하지 않고 발표할 일이 있으면 식은땀이 날 정도로 긴장하는 내 모습이 싫었다. 자존감이 바닥을 치면서 삶에 대한 회의가 밀려왔다.

근본적으로 문제를 해결하지 못한 채 대학교를 졸업했고 바로 취직 준비를 시작했다. 수의사 면허는 취득했지만, 동물병원에서 일할 생각은 없었다. 임상 수의사가 적성이 아니라는 건 10년의 세월 동안 뼈저리게 느낀 바였다. 창업은 처음부터 고려 대상이 아니었다. 남은 선택지는 보통의 졸업생처럼 회사에 취직하는 길이 전부였다.

이미 대학에서 남들보다 시간을 허비한 상황이라 취직만 된다면 어떤 일이든 크게 상관없다고 생각했다. 여러 장의 원서 접수와 몇 번의 면접 끝에 합격한 회사는 외국계 제약회사로 처음 맡은 일은 영업이었다.

'너 자신을 알라.'

소크라테스의 말로 유명하지만, 원래는 고대 그리스 델포이 아폴론 신전 현관 기둥에 새겨져 있는 격언이라고 한다. 델포이에 살던 고대 그리스인들은 자신의 운명과 앞으로 어떻게 행동해야 하는지 예언을 듣기 위해 신전을 방문했다. 그들은 들어가는 길에 이 격언을 봤을 것이다. 어쩌면 신은 운명을 알고 싶다면 자기 자신이 어떤 사람인지 먼저 알아야 한다고 충고한 것은 아니었을까? 하지만 고대 그리스인들이 별다른 생각 없이 기둥을 지나쳤듯이 약 2,500년이 지난 시대에 사는 나도 크게 다를 바가 없었다.

사람은 시련을 겪고 그로 인해 배우는 게 없다면 비슷한 시련을 또 겪게 된다.

내가 그랬다. 대학교 전공을 정할 때 깊은 고민 없이 선택한 결과가 10년의 방황으로 이어졌다. 그런데 난 똑같은 방식으로 취업을 결정한 것이다. 영업은 사람을 상대하는 일이 주 업무라 사실 내가 가진 내성적인 성향과는 정반대에 있는 직군이었다.

잘할 수 있을까 걱정도 되었지만, 꾹 참고 일해보자고 결심했다. 자기합리화도 했다. 『내성적인 사람이 영업에 성공한다』는 책을 사서 읽고 나도 성공할 수 있을 거라 막연하게 믿었다. 처음에는 업무에 적응하느라 시간이 어떻게 흘러가는지도 모를 지경이었다. 담당 지역을 종횡하며 고객인 의사들을 만나러 다녔고 일주일에 최소 이틀은 술자리에 참석했다. 직속 상사를 잘 만난 덕도 있었고 열심히 한 만큼 실적도 괜찮게 나왔다. 하지만 수의학을 공부할 때와 마찬가지로 내 일이 아니라는 생각이 머릿속에서 떠나지 않았다. 내근직인 마케팅부서로 옮기면서 조금 나아질까 싶었지만, 오히려 더 힘들었다. 개인 시간은 더 줄어들어 조금이라도 잠잘 시간을 늘리기 위해 집에서 나와 회사 근처에서 자취를 시작했다. 영업직이 아니더라도 직장인이라면 영업은 필수라는 것을 깨달았다. 매일 보는 직장 동료와 상사가 내부 영업의 대상이었다. 대학은 그래도 졸업으로 매듭이 지어지지만, 인생은 아니었다. 이대로라면 10년이 아니라 죽을 때까지 방황할지도 몰랐다.

대학 시절과는 비교할 수 없는 두려움에 지금껏 해본 적 없는 주변의 도움을 구했다. 그러나 누구도 내 생각과 마음을 온전히 이해하지 못했다. 당연히 해답을 주거나 충고를 해줄 사람은 없었다. 그때부터 심리학에 본격적으로 관심을 갖게 됐다. '나는 왜 이럴까? 나이를 먹어서도 왜 이렇게 수줍음이 많고 소심할까? 왜 이렇게 고민과 생각이 많을까? 나는 왜 이렇게 예민할까?'라는 풀리지 않는 궁금증에 대한 답을 내 안에서 찾기 위해서였다. 심리학책을 한 권, 두 권 읽으면서 점점 나의 내면세계에 대해 알 수 있었다. 물론 내 성격 유형을 안다고 해서 자존감이 갑자기 올라가지는 않았다. 적성을 찾기 위한 방황에서 바로 벗어날 수 있었던 것도 아니었다. 단지, 내가 발표할 때 유독 긴장하는 이유, 시끄럽고 사람들이 많은 장소에 가면 힘들어하는 이유, 다른 사람의 말에 쉽게 마음이 상하는 이유 정도는 알게 되었다. 그리고 만화방에서 종일 만화책과 소설을 읽는 게 도피가 아닌 성향, 즉 좋아하는 행위라는 것도 알게 되었다. 그렇게 조금씩 나에 대해 알게 되자 뭘 해야 할지는 아직 모르지만 어떤 삶을 살고 싶다는 그림이 조금씩 머릿속에 그려졌다.

처음에 영업일을 시작할 때, 일과 일상을 구분할 수 있다고 생각했다. 영업이 성향과 맞지 않더라도 일과가 아닌 시간에는 충분히 쉬고 때때로 취미 생활을 즐기기로 계획을 세웠다. 하지만 입사 후 몇 개월이 지나고 정신이 돌아오자 그 생각이 완전히 틀렸다는 것을 알았다. 자는 시간을 제외하면 하루 대부분이 직접 영업일을 하거나 회사 일과 연관된 일에 사용되었다. 업무가 끝난 저녁 시간이나 주말은 내일을 위해 일로 소모된 에너지를 충전하는 데 사용되었다. 휴식마저 업무를 위한 시간이 되는 셈이었다.

단순히 일이 힘들어서가 아니었다. 같은 일을 해도 사람을 만나면 힘을 얻는 외향적인 동료와 달리 내성적인 나는 사람을 만나면 힘이 빠졌다. 이를 악물고 따라가 보려 했지만, 차이는 분명했다. 그렇게 일을 열심히 하면서 부작용이 생겼다. 일을 마치고 집에 가면 어머니와 대화할 힘이 없었다. 고객 앞에서 '을'로 자신을 계속 낮추다 보니, 만만한 가족에게 짜증을 내는 일이 잦아졌다. 입사 전에는 나와 함께 자던 반려견마저도 내 에너지가 딴 곳에 집중된 걸 알았는지, 어느 순간 동생이나 어머니의 침대로 가버렸다.

단지 돈벌이를 위한 수단이라고 생각했던 직업이 인생 전체에 얼마나 큰 영향을 끼치는지 깨달은 순간이었다. 주변의 많은 직장인들이 안타깝게도 나와 마찬가지로 자신의 성향을 고려하지 않고 직장을 선택한다. 취직이 어려운 상황에서 취직한 것만으로도 감지덕지할 수밖에 없는 것이 사실이다. 그러나 회사는 개인의 성향을 고려해주지 않는다. 개인이 회사에 맞춰야 살아남을 수 있다. 어쩌면 많은 직장인이 자기 길을 못 찾고 헤매는 이유가 회사의 성향에 자신을 맞추는 것처럼 빠르게 변화하는 세상에 자신을 맞추는 데 급급해서는 아닐까.

> 원하는 삶을 살기 위해서는 성향에 맞는 직업을 찾아야 한다는 생각이 번쩍 들었다.

'나로 서기'라는 말이 있다. 외부의 치유에 기대지 않고 자존감의 원천을 자기 내부에서 찾으면서 나로서 홀로 서려는 20대를 설명하는 신조어다. 하지만 직장 생활을 하면서 나로 서기가 절실한 사람은 오히려 30대, 40대 직장인이라는 생각이 들었다. 직장인으로서 방황하지 않고 변화에 흔들리지 않기 위해서는 홀로 설 수 있어야 한다. 그러기 위한 전제 조건이 '나로 서'를 찾는 일이다. 직장 생활이 괴롭다면 자신을 알고 궁극적으로 내 성향에 맞는 일을 찾는 것이 목표가 돼야 한다.

나를 알아야
흔들리지 않는다 1

길을 아는 것과 직접 걷는 것은 다르다.
마찬가지로 자신을 아는 것과 자신을 받아들이는 것은
완전히 다르다.

시도 때도 없이 몸을 움직이고 차분함이라고는 찾아볼 수 없는 아이가 있었다. 학교 수업 때도 가만히 앉아 있지를 못해 선생님들은 항상 아이를 지적했고 그녀의 엄마는 학교에 불려가기 일쑤였다. 결국, 엄마는 아이를 의사에게 데려갔고 집중 못하는 딸에 대해 하소연했다. 엄마의 이야기를 듣고 아이의 행동을 잠시 지켜본 의사는 음악이 나오는 라디오를 틀어놓은 채 엄마와 함께 밖으로 나왔다. 창문 너머 음악에 맞춰 온 방을 돌며 발을 구르는 아이를 보며 의사는 말했다.

"지금 춤을 추고 있는 저 아이를 보세요. 저 아이는 댄서입니다. 댄스 스쿨에 보내도록 하세요."

〈오페라의 유령〉과 〈캣츠〉의 안무를 창조한 안무가이자 영국이 낳은 세계적인 발레리나 질리언 린의 이야기다. 아이의 성향을 이해하지 못했던 담임교사는 질리언을 특수학교에 보내야 한다고 주장했고 엄마 역시 자신과는 다른 딸을 이해하지 못했다. 이런 이야기는 남의 나라에만 있는 일이 아니다. 심리 상담 사례에서 부모가 아이를 이해하지 못해 ADHD와 같은 정신 질환으로 의심하는 경우는 수도 없이 많다. 부모와 아이의 성향이 달라서 생긴 부모의 몰이해는 심리 상담사나 정신과 의사의 설명을 듣고 나서야 해결될 수 있었다. 아이를 있는 그대로 바라볼 수 있는 계기가 된 것이다.

그런데 만약 아이의 성향을 알아보지 못했다면 어떻게 되었을까? 엄마가 의사의 말대로 댄스 스쿨에 보내지 않고 끝까지 딸을 이해하지 못했다면 질리언은 유명해지기는커녕 불행한 삶을 살았을 확률이 높다. 그리고 우리는 지금과 같은 〈오페라의 유령〉과 〈캣츠〉를 만나지 못했을 것이다.

당신은 어떤가? 성향대로 삶을 살고 있는가?

성향은 삶의 방향을 결정할 때 고려해야 하
는 매우 중요한 요소다.

그런데도 자신의 성향을 명확하게 알고 있는 사람은 드물
다. 안다 해도 자신의 성향을 실제로 삶에 적용하는 사람 역시
드물다. 부모님이 질리언의 엄마처럼 우리를 의사나 심리 상담
사에게 데려가지 않았다고 해서 탓할 필요는 없다. 필요성을
느꼈다면 지금부터 알아가도 늦지 않다.

심리학 서적을 통해 파악한 나의 성향은 내향형이었다.

내향형을 단순히 소심, 예민하고 조용한 사람이라고 설명하
기에는 부족하다. 많은 사람이 있는 자리에서는 말이 없는 사
람, 자기소개를 할 때 유독 긴장하는 사람, 동아리 모임이나 술
자리에 참석하는 것보다 집에서 혼자 영화 한 편 보는 것을 좋
아하는 사람, 누구의 방해도 받지 않고 편안하게 쉴 수 있는 집
이 무엇보다 편한 사람 등등. 이렇듯 내향형은 특정 상황에서
일관된 선호를 보인다.

스위스의 정신과 의사인 칼 구스타프 융의 심리 유형에 따

르면, 사람은 에너지의 방향에 따라 외향형과 내향형으로 구분된다. 외향형은 생동감이 넘치고 적극적이며 사람을 만나고 활동할 때 힘이 난다. 내향형은 신중하며 소수의 사람과 밀접한 관계를 맺고 혼자서 조용히 있을 때 배터리가 충전된다. 두 유형이 반대의 개념은 아니지만, 화성에서 온 남자 금성에서 온 여자처럼 서로를 잘 이해하지 못한다.

융은 그의 심리 유형 이론에서 내향과 외향 외에도 감각과 직관, 사고와 감정, 판단과 인식으로 선호 경향을 나눴다. 그중에서도 내가 내향성에 집중한 이유는 다른 선호 경향과 달리 사회적으로 내향과 외향을 우열의 개념으로 인식하기 때문이었다. 특히 직장에서 내향성의 특징은 거의 단점으로 치부되는 편이다.

자신의 성향을 파악하기 전에 회사의 성향을 한번 알아보자. 여기서 말하는 성향은 업종, CEO의 가치관, 경영원칙, 사업전략에 따라 달라지는 개별 기업의 특성이 아니라 회사의 일상적인 업무 환경을 말한다.

회사는 수익이라는 하나의 목적을 위해 많은 사람이 협력하며 일하는 장소다. 당연히 인간관계가 성과만큼이나 중요하게 여겨진다. 조용하고 소극적인 사람보다는 활달하고 적극적인 사람이, 겸손한 사람보다 자신을 포장할 줄 아는 사람이 인재로 여겨지는 공간이다. 회사는 개인의 능력보다는 집단의 협력을 통해 문제를 해결하고 성과를 내려고 한다. 끝없는 회의와 브레인스토밍, 개방된 사무실은 그 믿음을 보여주는 단적인예다. 개인에게서 훌륭한 사업 아이디어가 나와도 성과는 함께협력한 팀 혹은 팀의 상사에게 돌아간다.

이처럼 회사에서 성공하기 위해 개인이 길러야 하는 대부분덕목과 능력을 우리는 외향형의 영역에서 찾을 수 있다. 과감하게 도전하는 그들의 모습은 기존에 봐왔던 성공한 사람들의특성과 일치한다. 대화하는 법이나 말, 말투의 중요성을 강조하는 자기계발서가 많은 이유도 성공을 외향성에 두기 때문이다.그에 반해 신중, 꼼꼼하며 경청을 잘하고 그다지 주목받고 싶어 하지 않는 내향의 특성은 극복해야 하는 열등한 성향 혹은임원이나 사장보다는 실무를 담당하는 피고용인에 어울리는자질로 여겨진다.

내가 회사 생활이 힘들었던 이유는 나의 성향과 회사의 성향이 계속 충돌했기 때문이다.

회사에서 이상적인 성향으로 인정받는 외향형도 피곤하고 힘든 게 직장 생활이다. 내향형은 직장 생활을 잘 해내기 위해 외향형보다 더 많은 에너지가 필요하다. 인정받기 위해서 외향적인 '척'을 해야 하기 때문이다. 게다가 성향에 대해 잘 모른다면 자신을 외향형과 계속 비교하게 된다. 알고 힘든 것과 이유도 모르고 힘든 것은 완전히 다르다.

문제는 자신이 내향형인지 외향형인지조차 정확하게 알지 못하는 사람이 많다는 점이다. 자신에 대해 제대로 모르는 점이 직장인이 겪는 방황의 시발점임에도 불구하고 사람들은 자신에 대해 알아보려고 하지 않는다. 성격 검사를 받더라도 결과를 진지하게 받아들이지 않거나 잘 맞지 않는다고 생각하고 넘겨버린다. 많은 사람이 자신에 대해 알 만큼 안다고 생각하기 때문이다. 하지만 막상 자신의 성향에 관해 설명해보라고 하면 한 방향으로 자신을 규정짓기 힘들어한다.

"내향적인 것 같은데 어떨 때 보면 외향적이기도 해. 둘 다 가지고 있는 것 같기도 하고."

"사람 많은 장소에 가면 피곤한데 집에 있으면 외로운 것 같고……."

이해는 간다. 성향을 두부 자르듯이 반으로 나눌 수는 없다. 내향과 외향은 진보와 보수 같은 이념과 비슷한 면이 있다. 이념의 강도에 따라 극좌파, 극우파, 중도 우파, 중도 보수로 나뉘듯이 성향에 따라 누가 봐도 내향인 사람이 있고 외향적인 모습을 많이 가지고 있는 내향형도 있다.

이렇듯 자기 자신이 어떤 성향인지 아는 일이 간단하지만은 않다. 그렇기 때문에 더욱 진지하게 접근해야 한다. 한 가지 심리 검사만 해보고 결론 내리기보다는 다양한 종류의 검사를 통해 공통으로 나오는 성향을 확인할 필요가 있다. 일상에서는 내가 어떤 성향을 보일 때 편안한지, 힘이 덜 드는지를 확인하는 일이 중요하다. 특히 회사에서 일할 때, 껄끄러워하는 일은 무엇이고 반대로 남들보다 수월하게 잘하는 일은 무엇인지 확인하면 성향을 파악하는 데 도움이 된다.

수줍은 성격과 앞에 나서는 걸 좋아하는 당당한 성격에 우열이 없다는 사실을 처음에는 받아들이기 힘들었다. 오랜 시간 나의 소심한 성격을 싫어했기 때문이었다. 그러다 문득 회사 면접을 봤을 때의 일이 떠올랐다.

세 명이 함께 들어간 영업직 면접에서 자기소개를 마치고 몇 개의 질문이 오고 갔다. 면접이 거의 끝나갈 무렵 가운데 앉아 나를 유심히 보던 면접관이 질문을 던졌다.

"예민한 성격 같은데 사람을 상대하는 영업을 잘할 수 있겠어요?"

"네. 전 예민한 성격이 맞습니다. 하지만 예민한 성격이라는 말은 섬세한 성격과 같은 말이라고 생각합니다. 섬세하다는 것은 실수가 적고 꼼꼼하며 다른 사람의 감정을 잘 캐치할 수 있는 장점이라고 생각합니다. 잘은 모르지만 영업에 한 가지 방식만 있는 건 아닌 것 같습니다. 활발한 스타일의 영업자가 있는 반면에 저와 같은 섬세한 스타일의 영업도 필요하다고 생각합니다."

이 대답 때문인지는 몰라도 난 면접에 합격했고 최종 시험까지 통과해 취직에 성공했다. 물론 바로 생각해서 한 대답은 아니었다. 이전에 떨어진 다른 회사의 면접에서 같은 질문을 받았고 제대로 대답하지 못했었다. 떨어지고 집에 와서 곰곰이 생각해봤다. 소심하고 예민한 성격이 항상 단점일까? 아니었다. 그 안에는 분명 긍정적인 부분도 있었다. 부정적인 면이 아니라 긍정적인 면에 집중하자. 그게 내가 내린 답이었다.

조금씩 내향적인 성향을 있는 그대로 받아들이면서 더는 발표 잘하는 사람을 부러워하지 않게 되었다. 사람을 만나고 들어와 쉽게 지칠 때, 에너지가 부족한 자신을 비하하지도 않는다. 무엇보다 외향형이 부러워할 만한 장점을 자신이 가지고 있다는 걸 잘 알게 되었다. 마찬가지로 회사에서 내향적인 사람이 불리하다는 사실을 있는 그대로 받아들이자 오히려 마음이 편해졌다. 내가 부족해서가 아니라 그저 회사라는 업무 환경과 안 맞는 것뿐이었다. 앞으로 내가 해야 할 일은 내향성을 살리면서 능력을 발휘할 수 있는 직업 또는 업무 환경을 찾는 것이었다.

나를 알아야
흔들리지 않는다 2

뿌리 깊은 나무는 웬만한 바람에는 흔들리지 않는다.
뿌리는 자기 자신이다. 나를 자세히 알고
내 강점을 많이 사용할수록 뿌리는 깊어진다.

모든 사람에게 적용할 수 있는 성공학이 존재하지 않는 것처럼 내향형이라고 모두 못 견딜 정도로 직장 생활을 힘들어하는 건 아니다. 같은 내향형이더라도 타고난 기질, 부모의 교육, 성장 환경에 따라 전혀 다른 성향을 보일 수 있다. 융의 심리 유형 이론을 근거로 개발된 MBTI 성격 유형 검사에서는 선호 경향에 따라 내향형만 여덟 가지로 분류한다. '내향인 DNA모델'

에서는 내향의 특징만을 기준으로 내향형을 주도형, 섬세형, 비범형, 은둔형으로 구분한다.

성향과 함께 자신에 관해 한 가지 더 알아야 할 것이 바로 '욕구'다. 욕구와 욕망은 다르다. 욕구는 충족시킬 수 있지만, 욕망은 끝이 없다. 욕구의 충족이 삶의 행복과 연결되는 것과 달리 욕망은 삶을 파괴할 수도 있다. 이런 욕구에 관한 이론은 여러 가지가 있다. 가장 많이 알려진 이론은 욕구를 기본적인 생리적 욕구에서부터 자기실현의 욕구까지 5단계로 나눈 매슬로의 욕구 단계 이론이다. 매슬로는 하위 욕구가 충족되어야 다음 단계의 욕구로 넘어갈 수 있다고 주장한 데 반해 선택이론과 현실요법의 창시자인 미국의 정신과 의사 윌리엄 글라써는 다섯 가지로 욕구를 구분해 개인에 따라 원하는 욕구의 크기가 다르다고 했다.

다섯 가지는 생존의 욕구, 사랑과 소속의 욕구, 힘의 욕구, 자유의 욕구, 마지막으로 즐거움의 욕구다. 앞에서 같은 내향형이더라도 직장인이 적합할 수도 있다고 한 건 욕구가 행동에 영향을 끼치기 때문이다. 사람은 다섯 가지 기본 욕구를 모두 가지고 있지만, 어떤 욕구가 크냐에 따라 삶의 방식이 달라진다.

'주식은 사서 모으는 거지 파는 게 아니다'라는 투자관으로 주식에 장기투자 해야 한다는 주장을 오랫동안 해온 메리츠자산운영 존 리(John Lee) 대표는 『왜 주식인가』, 『엄마, 주식 사주세요』의 저자이기도 하다. 한 개의 회사에만 4년 동안 투자해온 장기투자자로서 나 역시 존 리 대표의 주장에 동감하는 편이다. 그는 노후 빈곤률이 OECD 1위인 한국이 노후를 대비하기 위해서는 어렸을 때부터 금융 지식을 쌓고 하루라도 빨리 주식투자를 해야 한다고 주장한다. 존 리는 스타벅스에서 커피 한 잔 살 돈을 일주일만 모으면 삼성전자 주식을 한 주 살 수 있다며 젊은 세대의 낭비를 안타까워한다. 그는 대중교통이 너무나 잘 되어 있는 서울에서 1년 유지비만 몇십 만 원인 자동차를 사서 타고 다니는 건 가난해지기 위한 지름길이라고도 말한다.

　동영상을 통해 그의 강연을 듣고 있자면 구구절절 맞는 소리다. 하지만 그의 주장을 모든 청중이 받아들이지는 않는다. 존 리 대표의 주장은 생존의 욕구를 바탕으로 한다. 그에게 현재는 미래의 생존을 위해서 희생하는 것이 당연한 일이다. 반면 청중 중에 즐거움의 욕구가 가장 큰 사람이 있다면 존 리 대표의 주장에 고개를 갸웃거릴 것이다. 그 청중에게는 현재 자신이 얼마나 즐거운지가 아직 오지도 않은 미래보다 훨씬 중요하기 때문이다.

마찬가지로 내향적이더라도 사랑과 소속감의 욕구가 큰 사람은 회사를 그만두기가 쉽지 않다. 어딘가에 소속되어 있다는 사실에 안정감과 만족을 느끼고 주변 동료들로부터 인정받는 것이 중요하기 때문이다. 반대로 자유의 욕구가 큰 사람은 회사에서 뛰쳐나와 자신의 길을 찾는 일이 조금 더 절실할 수 있다. 회사에는 거역할 수 없는 규칙이 존재하기 때문이다. 회사는 12시에 출근하고 싶어도 9시까지 반드시 출근해야 한다. 창밖을 보며 일하고 싶어도 회사가 정해준 책상에 앉아야 한다. 사원이 독립된 개인 업무 공간을 갖기는 어렵다. 업무 또한 회사가 정해준다. 자유의 욕구가 강한 사람에게는 규칙의 강제성이 스트레스로 작용할 가능성이 크다.

힘의 욕구가 강한 사람 역시 직장인을 쉽게 그만두지 못한다. 대기업에 다닌다는 타이틀은 힘의 욕구를 충족시킨다. 직급도 마찬가지다. 부장, 이사와 같은 직급은 힘의 욕구가 강한 사람에게는 권력이나 다름없다. 이런 사람에게 프리랜서는 어울리지 않는다.

자신의 성향에 더해 내가 어떤 욕구를 가지고 있는지 파악한다면 앞으로 삶의 방식을 정할 때 수월하게 선택할 수 있다.

적성부터 찾지 마라.

자신의 성향과 욕구에 대해 알아야 하는 또 다른 이유는 적성을 찾기가 어렵기 때문이다. 수많은 사람이 자신의 타고난 재능을 알기 위해서 노력하지만, 평생 찾지 못하고 세상을 뜨는 사람이 대부분이다. 그와 비교하면 성향과 욕구는 인터넷에서 검사할 수 있는 테스트와 자신을 찬찬히 관찰하는 것만으로도 어느 정도 파악할 수 있다. 성향과 욕구 파악이 중요하다고 해서 심리학을 깊이 파고들 필요도 없다.

앞에서 언급한 무용가 질리언 린이 조용히 앉아서 수업을 받는 다른 아이들과 달리 활동적인(외향적인) 성향이라는 건 누구나 알 수 있었다. 단지 활동이 과했기 때문에 성향이라고 생각을 못 했을 뿐이다.

한번 이렇게 가정해보자. 만약 질리언 린이 남자아이였다면 의사는 그래도 댄스 스쿨을 권했을까? 그 당시의 시대관으로 봤을 때 의사는 댄서보다는 운동을 권유했을 가능성이 크다. 그랬다면 댄스가 적성이었던 질리언 린은 활동적인 성향대로 살면서 행복한 어린 시절을 보낼 수는 있었겠지만, 그다지 유명해지지는 못했을 것이다. 질리언 린이 댄스 스쿨에서 만난 친구들 대부분도 활동적인 성향이지만 그녀처럼 성공하지 못한 것과 마찬가지로 말이다. 가정대로라면 의사가 음악에 맞춰 움직이는 질리언의 모습을 보며 댄스 스쿨에 보내라고 했던 건 순전히 '운'이었을 가능성이 크다.

우리가 딱 맞는 적성을 찾기 위해 노력할 것이 아니라 성향과 욕구에 맞는 일을 먼저 찾아야 하는 이유다. 성향과 욕구는 파악하기가 어렵지 않고 그 안에서 적성을 찾을 확률이 높다. 적성이나 재능을 찾기 위한 조언을 들어보면 한결같이 다양한 경험을 해보라고 한다. 성향과 욕구를 통해 경험의 범위를 줄일 수 있다면 적성을 찾을 가능성은 훨씬 커질 것이다.

언제 성향과 욕구를 찾고 또 적성까지 찾아야 하는지, 직장인의 삶이 이미 몸에 밴 사람이라면 이미 늦은 건 아닌가 생각할 수도 있다. 하지만 늦은 때라는 건 없다. 76세부터 그림을 그리기 시작한 모지스 할머니나 65세에 KFC를 연 커넬 센더스까지 예로 들 생각은 없다. 저자, 강연가이자 컨설턴트인 구본형 소장은 43세에 첫 책을 썼고 46세에 네 번째 책을 내면서 20년의 직장 생활을 마무리 지었다. 그는 이어 '우리는 어제보다 아름다워지려는 사람을 돕습니다'라는 비전이 적힌 명함을 들고

1인 기업인 변화경영연구소를 설립했다. 나 역시 직장인 8년 차에 전공, 스펙, 경력과는 무관한 웹소설 전업 작가가 되었다. 물론 적성을 찾는다고 해서 반드시 퇴사해야 하는 건 아니다. 성향과 욕구와 함께 적성을 찾는 일은 죽기 전이라면 언제 달성해도 의미가 있다는 말이다.

뭐라도 하면
뭐라도 된다

이대로 살다가는 미래가 어떻게 될지 빤한 마당에
시간만 흘려보낼 수는 없다.
무엇이든 하자. 일단 뭐라도 시작하자.

10억 원.

　55세에 은퇴해 90세까지 산다고 할 때 최소 월 150만 원이
필요하다고 가정해보자. 매년 3%의 물가 상승률을 대입하면
35년 동안 필요한 돈이 대략 10억 원이다. 대학교를 졸업하고
취직해서 퇴직할 때까지 근로 소득을 얻는 기간을 30년이라고
하면 1년에 평균 3,300만 원 정도는 저축해야 최소한의 노후를

대비할 수 있다는 의미다. 사회생활을 남들보다 조금이라도 늦게 시작했다면 1년에 저축해야 하는 금액은 더 올라간다. 국민연금이 어느 정도는 나오겠지만, 그다지 든든한 느낌은 아니다. 무엇보다 회사에서 안 잘리고 30년을 일할 수 있다는 보장은 누구도 하지 못한다.

부모님에게 물려받을 재산이 없는 상황에서 로또 아니면 재테크로 결론이 귀결되는 건 어찌 보면 자연스러운 일이다. 아무리 계산기를 두드려봐도 월급만으로는 최소한의 노후 대비도 할 수 없기 때문이다. 그렇다면 불가능에 가까운 로또는 둘째 치고 재테크로 노후를 대비할 수 있을까?

어떤 분야든 성공 가능성은 존재한다. 하지만 사람들이 간과하는 중요한 사실은 재테크 또한 다른 분야와 마찬가지로 노력과 시간을 많이 들일수록 성공할 가능성이 커진다는 점이다. 작은 투자금부터 시작해 오랫동안 다양한 경험을 쌓아야 성공할 가능성이 커지는데 과연 그렇게 할 수 있는 직장인이 몇이나 될까?

최근 욜로(YOLO)나 소확행(소소하고 확실한 행복의 줄임말)이 키워드가 된 건 우연이 아니다. 아무리 열심히 일해도 월급은 충분하지 않다. 재테크 역시 마음처럼 되지 않는다. 금수저가 아닌 이상 성공하기 어렵다. 이런 경험과 생각이 모여 미래를 포기하고 현재를 최대한 즐기는 삶의 형태를 그럴싸한 말로 포장하게 되는 것이다. 살아가는 방식으로서 나름의 의미가 없는 건 아니다. 하지만 욜로나 소확행이 변화의 계기가 아닌 현실 안주로 그친다면 두 키워드 모두 미래에 대한 포기 선언이나 다름없다. 냉정하게도 사회는 이런 기회를 놓치지 않는다. 미래를 고려하지 않는 사람에게 신용 카드나 대출은 달콤한 유혹이다. 당장 사고 싶은 물건을 사고, 가고 싶었던 나라를 갈 수 있지만, 결국 빚은 늪을 만들어 사람들의 자유를 빼앗는다.

내가 직장 밖에서 희망을 찾은 것도 성향과 더불어 충족하고 싶은 욕구와 미래에 대한 막연한 두려움 때문이었다. 원래 소심하고 걱정 많은 성격이기도 하지만, 이대로 살다가는 미래가 어떻게 될지 빤한 마당에 시간만 흘려보낼 수는 없었다. 여행은커녕 영화관에서 영화 한 편 보는 일조차 돈 때문에 고민해야 하는 생존만을 위한 노후. 폐지 수거를 다닐 정도는 아니겠지만, 퇴직 후 죽을 때까지 적은 돈에도 벌벌 떨며 살 수도 있는 상황이 나에게도 닥칠 수 있다고 생각하니 끔찍했다. 뭔가 변화가 필요했다.

> 막연했지만 당장 내가 할 수 있는 일은 하
> 나였다. 오늘을 어제와 다르게 보내는 것이
> 었다.

아는 사람 중에 일을 정말 열심히 하는 친구가 있다. 가끔 평일 저녁이나 주말에 전화를 걸어도 회사에 있거나 지방에 출장을 가 있는 경우가 대부분일 정도로 항상 바쁜 친구다. 그는 열심히 일하는 만큼 회사에서 인정받는다. 승진도 빨라서 또래와 비교하면 연봉도 높은 편이다. 하지만 친구는 과로로 연례행사처럼 1년에 한 번씩은 병원에 입원하곤 한다. 한 번은 이유를 알 수 없는 어지럼증, 그다음에는 A형 간염에 걸린 그의 병문안을 갔다. 몸 생각 안 하고 일에 매달린 걸 후회하며 앞으로는 건강관리하며 살겠다는 굳은 다짐을 들었지만, 한 해가 지나면 어김없이 다른 병으로 입원한 그의 소식을 들을 수 있었다.

신기하게도 사람들은 비슷한 시련을 계속 겪으면서도 비슷한 행동을 반복한다. 고소를 당하는 사람은 계속 고소를 당하고 음주운전을 하다 걸린 사람이 또다시 음주운전을 한다. 사건이 벌어졌을 당시의 괴로움 때문에 다시는 하지 않겠다고 다짐을 하지만, 시간이 지나면 원래대로 돌아간다. 직접 호된 시련을 겪었는데도 바뀌기가 쉽지 않은 게 사람이다. 살아 있을지 장담하지도 못할 먼 미래를 대비하기 위해 삶에 변화를 주는 게 쉽지 않은 이유다.

다짐만으로 변하는 건 없다. 다짐을 했다고 해야 할 일이 바로 떠오르지는 않을 것이다. 어제와 다른 오늘을 보내기 위해 막상 책상에 앉아도 평소에 고민하지 않았다면 뭘 해야 할지 모르는 게 정상이다. 결국, 대부분은 직장인의 애환인 영어 관련 서적을 집어 들게 된다. 괜찮다. 뭐든지 평소에 안 하던 일을 하는 게 변화의 시작이다. 직장에서 많이 쓰지도 않는 영어를 더 공부한다고 해서 무슨 소용이 있겠느냐마는, 꾸준하게 할 수만 있다면 일단은 그것만으로도 괜찮다.

우리의 뇌는 익숙하고 편안한 환경에서는 최소한의 활동만 한다고 한다. 평소처럼 소파에 누워 스마트폰을 보는 대신 책상에 앉아 불편하고 일상적이지 않은 활동을 하는 것만으로도 뇌는 자극을 받는다. 그 일이 평소에 내가 하고 싶었던 일을 하기 위한 준비라면 더욱 좋다. 실제로 도움이 될 수도 있고 아닐 수도 있지만, 요점은 계속해서 나를 불편하게 함으로써 뇌를 물렁물렁하게 만들어야 한다.

> 변화를 위한 다짐을 했다면 작은 일이라도 나의 뇌를 놀라게 할 수 있는 일을 찾아서 해야 한다.

결심을 한 후 나의 첫 시작 또한 소설과는 그리 관계가 없는 일본어 공부였다. 만화책과 애니메이션을 좋아해서 일본어를 잘하고 싶다는 생각은 계속 해왔고 중간중간 책도 사고 학원도 다녔지만, 오래가지는 못했다. 내가 실행했던 작은 변화는 출근 길에 라디오를 듣는 대신 일본어 교재 CD를 듣는 일이었다. 그 당시 난 우리나라에서는 노력해도 행복한 삶을 살 수 없다는 판단을 내렸었다. 일본어는 해외 이민까지 고려하고 있어서 내린 결정이었다. 매일 즐겨 듣던 〈전현무의 굿모닝FM〉을 끊기가 쉽지만은 않았다. 하지만 두 시간이 넘게 걸리기도 하는 출퇴근 시간을 무의미하게 보내기는 너무 아까웠다.

일본어 공부는 곧 영어 공부로 이어졌다. 카투사로 군복무를 해서 영어는 어느 정도 자신이 있는 편이었고 이민 갈 거면 일본보다는 영어권이 나을 것 같아서였다. 유학과 이민을 위한 필수 시험, 아이엘츠(IELTS)를 위한 책을 사고 공부하면서 뇌가 활동할 수 있는 상황과 환경을 계속 만들었다.

> 신기한 건 명확한 목표가 없음에도 변화를 위해 이것저것 시도해보니 여러 가능성이 어디선가 나타난다는 점이었다.

그중 하나가 메디컬 라이터(Medical Writer)라는 직업이었다. 메디컬 라이터는 여러 종류의 일을 하지만 주로 신문이나 잡지에 연구 논문이나 전문적인 의학 관련 기사를 일반인의 눈높이에 맞춰 쉽게 풀어 쓰는 일을 한다. 내가 관심을 가진 이유는 메디컬 라이터가 영어를 잘해야 하고 주로 프리랜서로 일하기 때문이었다. 보통은 약사가 많이 하지만 수의학 전공으로 의학 지식도 뒤지지 않았고 제약회사 근무 경험도 있어 스펙으로는 안성맞춤인 직업이었다. 문제는 딱딱한 글쓰기였다. 작문 경험도 거의 없거니와 의학 관련 내용으로 글을 쓰는 일은 너무나 재미가 없었다. 결정적으로 메디컬 라이터에 도전하지 않은 이유는 프리랜서라도 업체에서 일을 받아야 해서 자유도가 생각보다 높지 않다는 점이었다. 결과적으로 길을 찾지는 못했지만, 글쓰기가 프리랜서의 일로 적합하다는 걸 안 것은 큰 소득이었다. 그 소득이 바로 판타지 소설 작가와 연결이 되지는 않았지만, 나중에 영향을 끼친 건 부정할 수 없는 사실이다.

성공학의 권위자인 데니스 웨이틀리는 '진짜 위험한 것은 아무것도 하지 않는 것이다'라고 말했다. 행동에는 위험과 대가가 따른다. 그러나 이때의 위험과 대가는 안락과 나태함으로 인해 생길 수 있는 장기적 위험보다는 훨씬 정도가 약하다. 이는 존 F. 케네디의 말이다. 레프 톨스토이는 작은 변화가 일어날 때 진정한 삶을 살게 된다고 했다. 나는 이들의 말에 동의한다. 당신도 동의하는가? 동의한다면 이제는 작은 일에서부터 변화를 주자. 명확한 목표가 없어도 상관없다. 어떤 삶을 살고 싶다는 대략적인 그림이 있고 스마트폰을 보는 대신 책상 앞에 앉는다면 가능성은 어디선가 나타나기 마련이다. 그 가능성을 계속 이어나가다 보면 명확한 목표가 생길 것이다.

진짜 위험한 것은 아무것도 하지 않는 것이다.
행동에는 위험과 대가가 따른다. 그러나 이때의
위험과 대가는 안락함과 나태함으로 인해 생길
수 있는 장기적 위험보다는 훨씬 정도가 약하다.

나답게
산다는 것

기준에서 벗어나지 않는 행위가 타인에게
받아들여지기 위해서라면 자신만의 기준을 세우는
행위는 자신을 있는 그대로 받아들이기 위해서다.

미국의 IT 기업인 오라클의 창업자 래리 앨리슨이 예일대학교
200회 졸업 연설을 하던 도중 경비원들에 의해 단상에서 쫓겨
났다. 우리에게는 그리 익숙한 회사는 아니지만 오라클은 마이
크로소프트에 이어 세계 제2위의 소프트웨어 회사다. 래리 앨
리슨의 재산은 62조 원으로 세계 부자 순위 10위에 오른 뛰어
난 경영자다. 그런 사람이 왜 미국의 명문 대학 중 하나인 예일

대학교 졸업 연설 중 쫓겨났을까?

연단에 선 래리 앨리슨은 졸업생들을 바라보며 "여러분은 앞으로 루저가 될 것"이라고 거침없이 말했다. 이유는 단순했다. 자신을 포함해 빌 게이츠(마이크로소프트 창업자), 폴 앨런(애플 창업자), 마이클 델(델 창업자)은 대학 중퇴자다. 하지만 여기 있는 사람들은 중퇴하지 않았기 때문에 성공한 사람의 대열에 낄 수 없다는 이야기였다. 그는 졸업생들은 이미 스무 살이 넘었고 머릿속에 시멘트가 발라져 있어서 희망이 없다고 했다. 대신 졸업식에 참석한 학부생들을 향해 지금 당장 짐과 아이디어를 싸서 학교를 그만두라고 말했다. 졸업 연설에서 졸업생들에게는 희망이 없다고 하고 학부생들에게는 당장 자퇴를 하라고 하니 아무리 대기업의 창업자라고 해도 중간에 충분히 제지를 당할 만하다. 그런데 사실 이 에피소드가 실제로 일어난 일인지에 대해서는 의견이 분분하다. 재밌는 건 많은 기행으로 실리콘밸리의 악동으로 불리는 래리 앨리슨이라면 충분히 가능한 이야기라고 사람들이 생각한다는 것이다.

성공한 괴짜는 그뿐만이 아니다. 스티브 잡스의 독선적이고 타협하지 않는 성격은 미디어를 통해 많이 알려져 있다. 버진 그룹을 만든 리처드 브랜슨, NBA 우버의 창업자 트래비스 칼라

닉도 원만하기보다는 모난 성격을 가진 괴짜 CEO다.

그런데 좀 이상하지 않은가? 분명히 우리는 어렸을 때 선생님이나 부모님으로부터 모나지 않은 사람이 되라고 교육받았다. 성격이 원만해야 훌륭한 사람이 된다는 이야기였다. 문제를 일으키지 않고 규율을 잘 지키는 아이가 모범이 되었다. 반대로 어른들이 정해놓은 선을 넘는 아이는 문제아로 찍혔다. 하지만 주변을 보면 말을 잘 들었던 아이보다 말썽을 피웠던 아이가 오히려 성공할 확률이 높은 것 같다. 인정하기 싫겠지만, 기준을 지키고 산 사람들이 아니라 정해진 틀 밖에서 날개를 마음껏 펼친 사람들이 새로운 기준을 만들고 있다.

그렇다고 이제부터 모난 사람으로 살라는 건 아니다. 모난 사람으로 살겠다고 해서 살아지는 것도 아니고 모난 사람으로 산다고 해서 모두 성공하는 건 더더욱 아니다. 중요한 건 모난 사람의 어떤 특징 때문에 성공할 확률이 높은지를 파악하고 내 삶에 적용해보자는 것이다.

이제는 정말 나답게 살자.

위에 예를 든 사람들의 공통점은 무엇일까? 성공한 창업가,

남들이 가지 않은 길에 도전한 개척자, 자기 일을 위해 대학교 혹은 고등학교를 과감하게 중퇴한 행동가, 자신만의 독특한 생각으로 기회를 만들어낸 창조자, 시대의 흐름을 읽고 비즈니스 기회를 잡은 선지자 등등. 이러한 사람들의 공통점 밑바닥에는 인생에 대한 이들의 기본적인 태도가 깔려 있다. 바로 다른 사람의 시선, 판단, 인정을 신경 쓰지 않고 자신의 모습 그대로 사는 것이다.

모났다는 건 남들이 정해놓은 일반적인 기준에서 벗어나는 것을 말한다. 남들에게 피해를 주지 않는 범위에서 세상의 틀에 자신을 맞추지 않는 것. 살아가야 할 기준을 스스로 정해 끝까지 지켜나가는 자세. 나로 서기를 위해 성공한 괴짜들로부터 배워야 할 핵심적인 마음가짐이다.

그런데 이게 참 쉽지가 않다. 최근에 서점을 둘러보면 비슷한 주제의 책들을 발견할 수 있다. 『나는 나로 살기로 했다』, 『어떻게 나로 살 것인가』, 『나, 있는 그대로 참 좋다』, 『나 지금 이대로 괜찮은 사람』 등등, 비슷한 제목의 책이 많다는 건 나답게 사는 어려움을 보여주는 증거다.

그냥 눈치 보지 않고 나답게 살면 되는데 왜 이렇게 어렵고 잘 안 되는 걸까? 웨인 다이어는 『행복한 이기주의자』에서 사람들이 어렸을 때는 학교에서, 졸업하고 난 뒤에는 사회에서, 부모로부터는 평생 다른 사람의 눈치를 보고 인정을 바라도록 세뇌 받아왔다고 말한다. 그의 주장처럼 학교에서는 하는 일마다 선생님에게 허락을 구해야 한다. 통제 속에서 규칙을 어기면 벌을 받고 잘 따르면 칭찬을 받는다. 경쟁에서 이겨 선생님의 눈에 든 학생은 학교생활을 편하게 할 수 있다. 대학교도 똑같다. 선생님에서 교수님으로 호칭이 달라졌을 뿐 상황은 크게 달라지지 않는다. 우리는 학교라는 공간에서 무려 16년 동안 다른 사람의 시선을 신경 쓰도록 세뇌당한 셈이다.

사회적 분위기 또한 다른 사람의 인정에 따라 나 자신의 가치가 정해질 수 있다는 사실을 은근히 강조한다. 어떤 차를 타고, 어떤 아파트에 살고, 어떤 회사에 다니는지. 내면에 있는 본질적인 가치보다 내가 소유한 물건이 나의 가치를 결정한다. 사회에서 무시당하지 않기 위해 우리는 결국 다른 사람의 기준에 맞춰 살게 된다. 다른 사람에게 인정받고 사회에 받아들여지기 위한 선택이 성공과 행복에서 멀어지게 만드는 길이라는 것을 모른 채 말이다.

페이스북의 창업자인 마크 저크버그는 일할 때든 공식 석상에서든 항상 같은 옷을 입는다. 그가 공개한 옷장에는 옅은 회색 반소매 티셔츠 아홉 벌과 짙은 회색 후드티셔츠 여섯 벌이 걸려 있다. 옷은 삶을 간결하게 하고 일 외에서의 선택은 최소화해서 쓸데없는 곳에 에너지를 낭비하고 싶지 않다는 저크버그의 가치관을 단적으로 보여주는 예다.

우리가 나답게 살아야 하는 이유는 우선 마음이 편해지기 위해서다. 나를 외면하고 다른 사람에게 맞춰 살면 인생은 행복하지 않다.

나답게 산다는 건 내키는 대로 산다는 의미가 아니다.

다른 사람의 인정을 받기 위해 혹은 다른 사람의 미움을 받지 않기 위해서 하는 행동들을 멈추는 것, 다른 사람의 기대를 충족시키기 위해 살지 않는 것, 자신의 가치는 스스로 판단하는 것, 남들이 뭐라고 하든 내가 살고 싶은 삶을 사는 것을 말한다.

20년 가까운 세월을 세뇌당해 왔으니 처음에는 불편하고 어색한 게 당연하다. 주변에서도 당신의 변한 모습을 이상하게 생각할지도 모른다. 하지만 신경 쓰지 않아도 된다. 사람들은 생각만큼 다른 사람에게 관심이 없다. 변화의 결과는 천천히 나타날 것이다. '모난 돌이 정 맞는다'라는 속담처럼 사람들은 미움 받지 않기 위해 자기도 모르게 많은 에너지를 쓰고 있다. 주변 사람들에게 좋은 사람으로 보이기 위해 거절하지 못한다. 직장 상사한테 잘 보이기 위해 문자 하나 보내는 데도 몇 시간을 신경 쓴다. 자기 일이 끝났음에도 눈치 보느라 먼저 퇴근하지 못한다. 이런 일들에는 생각보다 많은 에너지가 사용된다. 나답게 살면 마음이 조금씩 편해지면서 내면에서 에너지가 차오른다.

첫 직장에서 이직하고 두 번째 직장이었던 공공기관에서 나는 모범적인 직원이 아니었다. 물론 해야 할 일은 다 했다. 하지만 어쩔 수 없을 때를 제외하고는 그 이상은 절대 하지 않았다. 당연히 나에 대해 좋지 않은 소문이 돌고 돌아 내 귀에 들어오기도 했고 직장 동료들과도 표면적인 관계만 유지할 뿐, 크게 신경 쓰지 않았다. 물론 처음에는 불편했다. 업무 외의 다른 일에 신경을 끈 이유는 에너지를 사용하고 싶었던 곳이 따로 있었기 때문이다. 내 성향과 욕구와 잘 맞는 업을 찾는 일이 무엇보다 절실했다. 여러 번의 시행착오를 겪었지만, 회사에 다니면서 웹소설가라는 업을 찾을 수 있었던 원동력은 중요하지 않은 일에 신경 끄기였다.

원만한 사람으로 보이기 위해 에너지를 쓰는 대신 자기 일에 집중한 이들은 모난 사람이라는 평을 받기는 하지만 결국 자신만의 제국을 만들어냈다. 모나고 성공한 사람과 원만하고 평범한 사람. 당신은 어느 쪽이 좋은가?

약점 보완에서
강점 강화로

학교에서는 국 · 영 · 수 다 잘하면 좋은 대학에 갈 수 있다.
하지만 인생에서는 다 잘하면 죽도 밥도 안 된다.

코에이(KOEI)사에서 출시한 '삼국지'는 내 나이 또래라면 익숙한
PC 게임이다. 나관중의 소설 『삼국지연의』를 원작으로 역사 속
주요 인물을 선택하여 플레이할 수 있어 시리즈가 13편까지 나
올 정도로 인기를 끌었다. '삼국지'는 좋은 장수를 얼마나 많이
내 편으로 만드느냐가 게임을 풀어나가는 데 매우 중요하다.
시리즈마다 조금씩 차이가 있지만, 각각의 장수는 무력, 지력,

정치력, 매력의 능력치를 가지고 있다. '장비'처럼 무력이 높은 장수는 전투에서 빼어난 활약을 보인다. 지력이 높은 '곽가'의 계략과 조언은 성공 확률이 높다. 오나라의 '장소'는 정치력이 매우 높은데 내정에서 뛰어난 능력을 보여준다. 마지막으로 매력은 다른 장수를 등용할 때 성공 확률을 높이는 데 촉의 군주인 유비는 『삼국지연의』에서처럼 인간적인 매력으로 장수들을 섭외한다. 이렇게 한 가지 능력이 특출하게 뛰어난 장수는 각 분야에서 유용하게 써먹을 수 있다. 반면에 모든 능력치가 골고루 적당히 높은 장수는 어떤 분야에서든 중심에 서서 활약할 일이 없다. 나중에는 거의 잊혀서 여러 장수 중 한 명 정도로밖에 머릿속에 남아 있지 않게 된다.

만약 당신이 게임 안에서 장수의 능력치를
올릴 수 있다면 어떻게 하겠는가?

다른 능력과 비교해 상대적으로 무력이 높은 장수라면 전투에서 잘 써먹을 수 있도록 무력을 집중적으로 높이지 않을까? 게임을 잘 모르는 사람에게는 뜬금없는 이야기일 수도 있다. 하지만 현실도 게임과 크게 다르지 않다. 하나라도 특출한 능력을 갖춘 사람, 한 분야에서 전문가라 불리는 사람이 활약하고 대접받는다.

그런데 우리가 학교에서 받는 교육은 모든 능력치를 골고루 높이는 것을 목표로 한다. 아이가 국어를 잘하고 수학을 못하면 잘하는 과목을 칭찬하고 더 잘할 수 있도록 북돋는 게 아니라 못하고 싫어하는 수학 점수를 어떻게든 올리라고 한다. 지리처럼 입시에서 중요도가 떨어지는 과목을 좋아하는 아이는 국·영·수 과목의 점수가 낮다는 이유로 문제아로 분류된다. 모든 과목에서 골고루 점수를 잘 받아야 원하는 대학교와 전공을 선택할 수 있는 시스템, 그리고 그 시스템을 아무 생각 없이 받아들이는 사람들 모두가 문제다.

강점 강화가 아니라 약점을 보완해서 평균적인 사람으로 만들려는 노력은 집에서부터 시작된다. 부모는 사회적 기준에서 활동적이고 적극적인 아이가 좋은 성격이라고 생각한다. 반대로 수줍음 많고 조용한 내향형의 아이라면 좋은 성격(?)으로 바꾸기 위해 노력한다. 아이가 혼자서 노는 게 좋다고 하는데도 기어코 친구들을 집으로 부른다. 캠프에 참가시켜 억지로 인간관계를 맺게 한다. 책 읽고 상상하는 걸 좋아하는 아이를 웅변학원에 보내기도 한다. 아이만의 특성과 선호하는 행동이 있음에도 사회적 기준에 맞춰 원만한 성격과 원만한 능력의 사람으로 만들기 위해 부단히 애를 쓴다.

학창 시절에는 부모와 학교의 영향 아래서 자의식도 부족하고 시스템도 엉망이니 그렇다 치자. 직장인이 되고 부모에게서 독립해도 원만한 사람이 되기 위한 부단한 노력은 끝이 없다. 특히 내향형 직장인은 자신의 장점을 키울 생각은커녕 부족한 점을 메우기 위해 노력한다. 인간관계를 잘하기 위해 힘들어도 모임에 참석한다. 말을 잘하기 위해, 유머 감각을 키우기 위해 노력한다. 인정받기 위해 내향형이 집중해야 할 부분은 약점인 대화법이 아니다. 물론 대화법을 익혀 원하는 부분을 얻을 수도 있다(가능성은 낮지만). 그보다 내향형이 원래 가지고 있는 장점에 집중하고 강화한다면 굳이 대화를 잘할 필요가 없다. 남들이 대체 불가능한 인재인 당신에게 맞출 것이기 때문이다.

강점 강화는 회사 업무에만 국한된 이야기가 아니다. 내 성향과 욕구에 알맞은 직업을 찾는 일은 강점 강화와 일맥상통한다. 직업을 찾기 위해 내가 세운 첫 번째 기준은 처음부터 끝까지 혼자서도 해낼 수 있는 일이었다. 다른 사람과 협력하기보다는 혼자서 하는 일이 편하고 능률도 높다는 판단에서였다.

혼자서 일하면, 쉽게 스트레스를 받고 잘하지도 못하는 인간관계도 최소화할 수 있었다. 두 번째 기준은 말보다는 글을 통한 의사소통을 선호하는 내향형의 특성을 반영했다. 꼭 글이 아니더라도 그림이나 음악, 또는 '정리'와 같이 말이 필요 없는 행위로만 직업을 찾았다. 이렇게 성향과 욕구를 통한 강점에 집중해서 찾다보니 작가라는 직업에 도달할 수 있었다.

말을 잘 못하고 인간관계가 좁으면 어떤가. 알파고를 이긴 유일한 인간 기사 이세돌 씨를 봐라. 결혼 후에는 부드러워졌다고 하지만, 과거 인터뷰를 보면 그는 말을 잘하거나 남들의 의도대로 맞춰주는 성격 좋은 사람이 아니었다. 중국에서 했던 인터뷰에서 "세계 정상급 기사에는 이창훈, 조훈현, 마샤오춘 9단이 있는데 실력을 생각할 때 좋아하는, 존경하는 기사는 누군가?"라는 질문에 이세돌 씨는 "다 좋은 기사라고 생각한다. 하지만 누구도 존경하지는 않는다. 아, 마샤오춘 9단은 좋은 기사에서 빼주세요"라고 답해 중국 기자들을 포함해 사람들을 아연실색하게 만들었다. 이런 성격 탓에 안티 팬 카페까지 생길 정도였지만, 그는 신경 쓰지 않았다. 바둑계와 팬들의 다수는 이세돌 씨를 좋아한다. 원만한 성격은 아니지만 특출한 실력

덕분이다.

이세돌 씨만큼은 아니더라도 각각의 개인에겐 타고난 성향과 재능이 있다. 나 자신을 삼국지 게임에 대입하면 어떤 종류의 장수가 될까 생각해보자.

지금까지는 사회적 기준, 회사에서 원하는 능력에 맞춰 모난 부분을 깎고 오목한 부분을 채워왔다면 이제부터라도 반대로 해야 한다.

사회가 혼란스러우면 사회의 기준에 맞춰 사는 사람들도 같이 흔들릴 수밖에 없다. 하지만 나만의 기준으로 나의 장점을 살린다면 어떤 상황에서도 나로서 홀로 설 수 있다.

회사는 내 성장을 위한
도우미

나로 서기를 목표로 한다면 회사는 월급도 주고 지식도 주고
내가 어떤 사람인지도 가르쳐주는 아낌없이 주는 나무가 된다.

오랜만에 영업하던 시절, 직장 상사와 저녁을 먹었다. 첫 직장
을 퇴사한 지 어느새 7년이 넘었지만, 일하면서 많은 도움을 받
았던 팀장님과 주임님에게는 가끔 연락을 드린다. 밥을 먹으며
회사 이야기를 듣고 있으니 대학교를 갓 졸업하고 아무것도 모
른 채 병원에 영업하러 들어갔던 어리바리한 신입사원일 때가
떠올랐다. 평생 근처에도 가본 적이 없는 산부인과를 여성건강

사업부에서 일하게 되면서 하루에 열 곳 넘게 방문했다. 성격 상 쉽지 않은 일이었는데 어떻게 그런 철판을 깔고 일했는지 지금 다시 생각해도 신기할 정도다. 힘든 시기도 있었고 생각 만 해도 얼굴이 붉어지거나 후회되는 기억도 머릿속에 남아 있다. 하지만 7년 동안의 직장 생활을 소중하게 생각하는 건 그만 큼 배운 것이 많기 때문이다.

회사를 또 하나의 배움의 장이라고 생각하자.

10년 넘는 학생 신분을 마감하고 이제야 배움을 써먹는 단계로 넘어갔다고 생각했는데 다시 배움의 장이라고 하면 싫을 수도 있겠다. 하지만 월급을 받는 일이라고 머릿속에서 구분을 지어서일 뿐, 잘 생각해보면 하루하루 배우는 게 한두 가지가 아니다. 운 좋게도(?) 직장 생활을 하는 동안 사기업과 공기업 을 모두 경험했다. 직무도 영업과 출장 근무를 포함한 외근직 뿐만 아니라 내근직인 마케팅부서에서도 일했다.

갑을 관계, 의사와 병원의 생리, 셀링 스킬 등은 영업을 통 해 배울 수 있는 것들이었다. 하지만 인생에서 무엇보다 도움 이 된 배움은 성실함의 실천이었다. 일주일에 한 번만 본사에 들어가고 나머지는 혼자서 일하는 제약 영업의 특성상 성실함을 유지하는 것은 특히 중요했다. 옆에서 누가 지켜보지 않는 상황에서도 오전 9시까지 담당 지역으로 출근하고 매일 병원 열 곳 정도를 방문하는 일은 쉽지 않았다. 몸이 힘들어지면 자신과 타협하고 싶은 마음이 쉽게 생겼다. 오늘 계획보다 병원 한 곳 덜 방문한다고, 출근 시간보다 5분 늦게 도착했다고 당장 실적에 영향을 끼치는 건 아니다. 하지만 자신과의 약속을 하루 이틀 깨다 보면 언젠가는 페이스가 무너지고 슬럼프가 온다. 결과적으로 실적도 떨어지기 마련이다. 나도 비슷한 경험을 했고 성실함의 중요성을 고스란히 느꼈다.

작가로 사는 지금, 그 당시의 경험은 큰 도움이 된다. 비록 집에서 혼자 일하지만, 나는 회사에 출근하는 것처럼 일정 시간에는 반드시 글을 쓴다. 영업사원은 최소한 관리자라도 있지만, 작가는 매일 글을 안 써도 아무도 뭐라고 하지 않는다. 강요받지 않은 상태에서 성실함을 유지하는 것은 무엇보다 중요하다. 제멋대로 삶을 살면서 방탕의 대명사로 알려진 어니스트 헤밍웨이도 하루에 500자는 반드시 쓰고 책상을 벗어나 놀러 다녔다고 한다. 도러시아 브랜디는 『작가 수업』에서 단 15분이라도 일정한 시간에 글을 쓸 수 없다면 글쓰기를 포기하라고 했다. 혼자 일하는 작가에게 가장 필요한 것 중 하나인 성실함을 유지하는 방법을 난 영업을 통해 배울 수 있었다.

무형의 배움이 있다면 유형의 배움도 있다. 여성건강사업부에서 일하면서 피임약의 영업과 마케팅을 모두 담당했다. 입사 전에는 전혀 몰랐던 세계였다. 산부인과, 피임, 여성의 월경주기와 질환에 관한 지식을 업무를 통해 자연스럽게 익혔다. 물론 이런 종류의 지식은『미생』의 윤태호 작가처럼 회사에 다녀야만 알 수 있는 내용은 아니다. 하지만 안에서 일해 본 사람만이 알 수 있는 디테일도 분명히 존재한다. 시험을 위한 공부는 머릿속에서 쉽게 사라지기 마련이다. 하지만 먹고살기 위해서 반복적으로 입력한 지식, 현장을 통해 직접 경험한 디테일한 내용은 살아 있는 지식이다. 부서가 바뀌거나 퇴사하면 더는 의미 없는 지식이라고 할지도 모르지만, 내가 첫 회사를 퇴사할 때 영업 관련 소설을 쓸 거라고는 상상하지 못했던 것처럼 그건 아무도 모르는 일이다.

직장에서 배울 수 있는 업무 관련 지식, 일을
대하는 자세, 조직의 생리도 물론 소중하지
만, 가장 중요한 배움은 '나'를 아는 것이다.

우리는 사랑을 하면서 자신의 새로운 면을 발견했다는 이야
기를 가끔 하거나 듣는다. 평상시에는 나오지 않는 성격이 극
적인 상황에서 드러나게 되기 때문이다. 마찬가지로 일하다 보
면 정신적, 육체적으로 극한 상황에 맞닥뜨리는 일이 자주 벌
어진다. 상사로부터 모욕감을 느낄 정도로 깨지는 상황, 내 실
수로 전체 부서 업무가 꼬이는 상황 등등. 평소에는 미소로 무
장되어 있던 얼굴이 무뚝뚝한 얼굴로 변한다. 사람들과 잘 어
울리는 것처럼 보였던 사람도 살기 위해 혼자만의 공간을 찾
는다. 가면을 벗고 본능적으로 에너지를 충전할 수 있는 방향
으로 몸이 움직이는 것이다. 그것을 우리는 타고난 성향이라고
한다.

이런 자신의 모습을 여러 번 겪으면 깨닫는 게 생긴다. 주변
에 비교할 대상이 아무도 없을 때는 '남들도 나와 같겠지'라고
생각하지만, 회사에는 직장 동료가 존재한다. 같은 일을 당해도

크게 영향을 받지 않는 사람이 있는가 하면 유독 화를 참지 못하는 사람이 있다. 내가 어떤 상황을 불편해하는지, 어떻게 반응하는지 남들과 비교할 수 있다면 자신을 파악하는 데 큰 도움이 된다. 성격뿐만이 아니다. 능력의 차이도 확인할 수 있다. 조금도 긴장하지 않고 프레젠테이션을 잘하는 직원이 있는가 하면 실수 없이 꼼꼼하게 세세한 일들을 잘 챙기는 직원도 있다. 내가 뭘 잘하고 뭘 못하는지 비교를 통해 알 수 있다는 말이다. 만약 어떤 업무로 계속해서 칭찬을 받는다면 자신의 재능이나 장점 후보로 올려놓을 수도 있다. 내가 못 하는 일을 쉽게 해결하는 직원을 질투하거나 부러워할 게 아니라 객관적으로 사실을 인식하면 된다. 물론 객관적으로 바라보는 게 쉽지는 않다. 나 역시 내가 내향적인 사람이라는 사실을 알고 있었음에도 에너지 넘치고 사람들과 잘 어울리는 외향적인 직원들을 많이 부러워했다. 자신을 객관적으로 바라보는 데는 시간이 걸린다는 말이다.

중요한 건 회사라는 시스템에 매몰되지 않고 깨어 있는 것이다.

규모가 있고 이름만 들어도 다 아는 회사에 취업하기가 만만치 않은 세상이다. 그래도 가능하다면 많은 사람과 함께 일하는 직장 생활을 해보는 걸 추천한다. 어쩌면 생각보다 회사와 업무가 자신과 잘 맞을 수도 있다. 만약 그렇다면 회사 안에서 목표를 세우고 열심히 다니면 된다. 하지만 그게 아니라면 깨어 있어야 한다. 직장 생활은 진짜 나를 발견하는 훌륭한 수단일 뿐만 아니라 나로 서기를 더욱 단단하게 만들 수 있는 초석이 될 수 있다. 학생일 때는 알 수 없었던 많은 부분을 직장 생활을 통해 깨달을 수 있다. 그런 의미에서 회사에 다니고 있다면 성급히 퇴사를 결정하지 않았으면 한다. 안정적으로 월급이 나오면 조급함 없이 자신에게 맞는 업을 찾을 수 있다. 단, 깨어 있어라. 조직의 생리를 공기처럼 당연하게 받아들이지 않으려면 내가 이 회사를 평생 다니지 않을 수도 있다는 생각을 항상 가지고 있어야 한다.

PART 2

마흔이 되기 전
홀로서기가 필요하다

인간으로서 우리의 위대함은 세상을 바꾸는 능력이 아니라
우리 자신을 변화시키는 능력에 있다.

−마하트마 간디, 인도 민족해방 지도자

일보다 사람이
힘들다면

어떤 일을 홀로 할 수 있을까를 고민하기에 앞서
왜 홀로 일해야 하는가를 알아야 한다.

직장인으로서 불행함을 느끼는 이유, 직장인 우울증의 원인, 직
장 스트레스 요인과 같이 표현만 바꾼 여러 설문조사 결과를
보면 직장인의 고단함이 고스란히 느껴진다. 과도한 업무 부담,
낮은 연봉, 실적 압박감, 불확실한 커리어에 대한 불안감, 적성
에 맞지 않는 일, 비전이 없는 회사. 개인마다 차이는 있겠지만,
그중에서도 거의 항상 1위를 차지하는 요인이 바로 인간관계

다. 상사 혹은 동료, 후배와의 껄끄러운 인간관계가 회사 생활을 가장 힘들게 하는 것이다.

다양한 사람이 한 장소에 모여서 일하는 직장에서 인간관계는 피할 수도 없을뿐더러 승진을 위해서는 잘하기까지 해야 한다. 주어진 일만 하기에도 바쁜데 그 와중에 사내정치와 평판 관리까지 해야 하니 힘이 드는 건 당연하다. 이런 상황에서 상사에게 찍히거나 동료들에게 왕따를 당하기라도 한다면 출근은 지옥행 열차나 다름없다.

실제로 인간관계 갈등으로 인해 고통을 느끼는 뇌의 부위가 교통사고를 당했을 때 뇌가 고통을 느끼는 부위와 거의 유사하다고 한다. 스트레스는 정신적인 고통에서 끝나지 않고 신체 증상으로까지 나타난다. 하버드 의과대학 연구진과 국내 연구진의 공동 연구 결과에 의하면 거친 말이나 끝없는 잔소리 같은 언어폭력에 노출된 집단은 뇌의 특정 부위가 손상되어 말을 하거나 이해하는 능력이 떨어지고 우울, 불안 위험이 커진다고 한다. 직장 내 인간관계로 인한 스트레스로 정신병원을 찾는 직장인이 크게 늘고 있는 현실은 연구 결과를 그대로 보여준다.

안타깝게도 같은 상황에서 내향적인 사람은 더 힘들 수 있다. 사람을 만날 때 에너지를 얻는 외향형과 달리 내향적인 사람은 기본적으로 인간관계에서 피로감을 느낀다. 설사 좋은 인간관계라도 그렇다. 다른 사람의 기분이나 감정을 필요 이상으로 신경 쓰고 직장 내 분위기 변화에 예민하게 반응하는 데는 상당한 에너지를 소모하게 만든다. 감정이 섬세하고 자신을 탓하는 성향의 내향적인 사람은 똑같이 언어폭력을 당하더라도 심적으로 더 큰 타격을 받는다. 직장 내 인간관계가 헝클어진 상황을 내향적인 사람은 제정신으로는 버티기가 힘들다. 근본적인 해결책이 과연 존재할까?

> 인간관계가 힘든 상황에서 직장인들이 주로 선택하는 극복 방법은 대부분 본질적인 변화와는 상관이 없다.

예를 들어 다른 회사로 이직을 한다고 해도 인간관계는 리셋이 될 뿐 없어지는 게 아니다. 좋은 상사나 동료를 만날 가능성을 운에 맡길 뿐이다. 운동과 같은 취미 생활을 통해 스트레스를 해소하려는 노력 역시 근본적인 해결책은 아니다. 가족이나 친구, 혹은 믿을 수 있는 직장 동료에게 속마음을 털어놓으면 그 순간은 마음이 편해질 수 있다. 하지만 그렇다고 스트레스를 주는 상사나 동료가 바뀌는 건 아니다.

인간관계 관련 서적이 주로 주장하는 내용은 더 직접적인 방법이다. 대화법, 화술, 대처법과 같은 자기표현을 익혀서 나를 괴롭히는 인간관계에 대응하라는 식이다. 자존감을 키우고 좋은 사람인 척하지 말고 할 말은 하되 상대방이 최대한 기분 나쁘지 않게 부드럽게 말할 수 있으면 인간관계를 극복할 수 있다고 한다.

문제는 자신을 바꾸는 일이 말처럼 간단하지 않다는 점이다. 오랜 시간 고된 노력이 필요한 일이다. 사람의 의지력은 그렇게 강하지 않다. 게다가 자신에 대한 신뢰나 자존감을 특별한 계기 없이 노력만으로 올리기는 쉽지 않다. 뭔가를 잘하기 위해서는 연습을 해야 한다. 하지만 우리의 감정을 상하게 만드는 상대에게 똑 부러지게 할 말을 해야 하는 상황이 일상에서 자주 벌어지지는 않는다. 게다가 아무 생각 없이 비난조로 말하는 친구에게 '그렇게 말하지 않았으면 좋겠어'라고 말하는 연습을 한다고 해서 거친 말을 하는 직장 상사에게 '그런 식으로 말하지 않으셨으면 좋겠습니다'라고 말하기는 그만둘 생각이 없는 한 현실적으로 거의 불가능하다.

나는 누군가와 감정적으로 다툰 날이면 자기 전에 누워서 공상에 빠지곤 했다. 직접 그 사람 앞에서 했어야 할 말들을 공상으로나마 시원하게 쏟아부어야만 겨우 잠이 들었다. 다음에 비슷한 일이 생기면 공상 속의 나처럼 행동하겠다고 다짐은 했지만, 현실에서 실현된 적은 한 번도 없다. 만약 내가 습관처럼 거친 말을 하는 상사에게 제대로 표현하기로 마음먹었다면, 난 시도하기도 전에 이미 스트레스로 무너져 내릴 것이다. 기적적으로 할 말을 했고 상사도 자신이 너무 심했던 것 같다고 인정했다고 치자. 집에 돌아온 내 손은 여전히 떨릴 것이다. 머릿속에서는 괜히 말한 것 같다는 생각과 상사가 기분 나빠하지 않았을까 하는 걱정이 무한 반복되었을 것이다.

결국, 몇 번의 시도 끝에 사람들이 선택하는 방법은 이직 또는 버티기로 귀결된다. 이직이라도 할 수 있으면 다행일지도 모른다. 이직도 능력이 있어야 한다. 대부분 사람은 버틸 수밖에 없다. 상사에게 잘 보이려고 노력하거나, 욕을 들어도 꾹 참고 넘어가거나, 들어도 못 들은 척하며 도를 닦는 게 보통 사람의 처세다.

내 힘으로 바뀌지 않는 것이라면 공간을 바꿀 필요가 있다.

　회사에서 직원을 뽑을 때, 기대하는 바는 직원이 맡은 일을 잘 처리하면서 성과를 내는 것이다. 직장에서 무엇보다 중요한 본질은 일, 그 자체다. 인간관계는 일을 잘하기 위한 수단일 뿐 목적은 아니다. 하지만 설문조사 결과를 보면 직장인에게 실적 부담보다 인간관계가 더 스트레스라는 걸 알 수 있다. 직장인이 하루에 사용하는 에너지를 정량화해서 계산할 수는 없지만, 일과 도중에 사용하는 에너지는 스트레스 예방이든, 해소든 간에 그 크기에 비례한다. 아침부터 저녁까지 열심히 일해도 업무가 생각처럼 진척되지 않는 데는 이유가 있다.

　소통이 잘되면 생산성이 올라갈 거라는 취지에서 시도된 개방형 사무실(탁 트인 공간에 칸막이 없는 책상을 배치하는 형태)이 오히려 생산성을 떨어뜨린다는 다양한 연구 결과는 많은 생각을 하게 만든다. 자신만의 공간을 갖지 못한 직원은 기분 전환에 어려움을 겪고 소음과 같은 주변 자극에도 민감하게 반응한다. 직원은 감시당한다는 느낌을 받기까지 하고 심지어는 질병에 걸릴 확률마저 올라간다고 한다. 전화기 소음만으로도 생산성이 떨어지는데 심적으로 큰 타격을 주는 인간관계의 영향은 더 말할 필요도 없다.

인간관계를 잘하기 위해 엄청난 에너지를 써야 하는 사람이 만약 그 에너지를 업무에만 집중할 수 있다면 어떨까? 업무 효율성은 물론이고 성과도 높아질 것이다. 내가 말하고자 하는 바는 업무 환경으로서의 '홀로 일하기'다. 홀로 일하는 업무 환경에서 나를 괴롭히는 인간관계는 순식간에 사라진다. 어떤 노력도 강한 의지력도 필요 없다. 욕해야 할 상사가 없어지면 뒷 말을 할 이유가 없다. 뒷말할 필요가 없으면 함께 생기는 분노도 사라지고 뒷말을 마치고 난 뒤에 밀려오는 초라함도 사라진다. 인간관계가 사라지면 내가 지금까지 얼마나 쓸데없는 일에 에너지를 썼는지를 바로 느낄 수 있다.

어떤 일을 홀로 할 수 있을까를 고민하기에
앞서 왜 홀로 일해야 하는가를 알아야 한다.

우선 일은 같이하는 것이라는 고정된 생각을 깨뜨릴 필요가 있다. 인맥이 성공의 필수요소라든가 고된 인간관계를 겪어 봐야 성장한다는 충고는 한 귀로 흘려들어도 된다. 물론 받아들이기가 쉽지는 않다. 30년 넘게 집단에 소속되어 살아왔으니 홀로 일하는 환경에 두려움이나 거부감을 느끼는 건 어쩌면 당연하다. 하지만 홀로 일하기를 통해 업무에 몰입할 수 있는 환경을 한 번 경험한다면 분명히 차이를 느낄 수 있을 것이다.

가면을 벗고
나답게 산다

주변의 기대와 시선에 신경 쓰며 사느니
미움 받더라도 나답게 내 모습 그대로 살아야 후회가 없다.

살면서 가장 싫어하는 것을 세 가지만 꼽아본다면 충치 치료와 길 막힘, 그리고 자기소개다. 그 정도로 사람들 앞에 나서는 걸 싫어하는 나에게 회사에 다닐 때 가장 고역은 사람들 앞에서 발표하는 것이었다. 그때마다 자신감 있는 외향적인 사람으로 보이기 위해 가면을 썼고 발표가 끝나면 진이 다 빠지곤 했다. 재밌는 건 주변에 물어봤을 때 아무도 내가 긴장한다거나 발표를 힘들어한다는 사실을 느끼지 못했다는 점이었다. 그만큼 남들은 내가 가면을 쓴 건지 구별하기 힘들지만, 나 자신은 알 수 있다. 외향적인 모습을 선호하는 직장에서는 주로 내향적인 성향이 이해받지 못한다. 미팅 몇 개만 해도 금방 피로감을 느끼는 나에게 외향적인 동료는 "뭘 했다고 그렇게 피곤해?"라고 묻기 일쑤였다. 나는 아무리 사람을 만나도 힘이 넘치는 동료가 그저 부러웠다. 회사에서 원하는 인재는 동료 같은 사람이기 때문에 인정받으려면 최대한 그들처럼 행동할 수밖에 없었다.

『콰이어트』 저자인 수전 케인은 테드(TED) 강연에서 내향적인 사람들은 조용하고 차분한 환경에서 가장 생기가 넘치고 최대의 능력을 발휘한다고 말했다. 같은 노력을 하더라도 결과가 완전히 달라질 수 있을 정도로 업무 환경이 중요하다는 말이다. 벤저민 하디는 그의 저서 『최고의 변화는 어디서 시작되는가』에서 환경의 중요성을 강조했다. 의지력과 노력도 중요하지만 내 주변 환경을 바꿈으로써 변화의 해법을 찾을 수 있다고 그는 책에서 말한다. 스포츠에는 '홈 어드밴티지'라는 말이 있다. 홈그라운드에서 경기할 때 이길 확률이 높은 이유는 일방적인 응원을 받을 정도로 경기장 분위기가 호의적이고 그에 따라 심판 판정이 유리해지기 때문이다. 날씨와 같은 환경도 익숙해서 따로 적응을 위해 힘을 뺄 필요가 없다.

> 외향형에게 회사가 홈그라운드라면 내향형에게는 홀로 일하기가 홈그라운드가 될 수 있다.

페르소나(Persona)는 고대 그리스 가면극에서 배우들이 쓰는 가면에서 유래된 단어다. 배우들은 연극 도중에 관객에게 보여주기 위해 가면 위에 감정을 나타내는 그림을 그렸다. 칼 융은 분석심리학에서 페르소나를 사회에서 요구하는 도덕, 질서, 의무 등을 따르기 위해 자신의 본성을 감추거나 다스리기 위한 것이라고 개념을 정리했다. 페르소나는 주위 사람의 요구를 포용해가며 만들어지기 때문에 사회생활을 원만하게 유지하게 해준다.

융의 말처럼 우리는 때에 따라 다양한 가면을 사용하면서 산다. 가면이라는 말에 부정적인 뉘앙스가 풍기기는 하지만 그 자체로 잘못된 건 아니다. 사회적 동물이라 불리는 인간에게 필수적인 요소이기 때문이다. 그렇다면 가면은 언제 문제가 되는 걸까? 융은 페르소나를 자신의 본성으로 착각해서 계속 가면을 쓰고 살기 위해 노력한다면 신체적, 정신적 문제가 생기고 열등감 등 다양한 애로사항이 생길 수 있다고 했다.

회사나 업무에 따라 조금씩 차이가 있겠지만, 내향적인 사람이라면 회사에서 외향의 페르소나를 쓸 일이 많을 것이다. 회사가 원하는 인재는 적극적으로 도전하고 사람들과 잘 소통하고 열정이 눈에 보이는 외향적인 사람이기 때문이다. '페르소나를 쓰는 게 뭐 어때서? 먹고 살려면 그 정도는 할 수 있는 거 아닌가?'라고 말하고 싶은 사람도 있을 것이다. 물론 단기적으로는 가면을 쓰고 외향적인 사람만큼 충분히 일을 잘하고 인정받을 수 있다.

오른손잡이인 테니스 선수는 왼손도 잘 쓸 수 있다. 하지만 결정적인 한 방을 날릴 때는 편한 손인 오른손을 사용하기 마련이다. 만약 계속해서 익숙하지 않은 왼손을 사용하면 체력은 빨리 떨어지고 집중력은 흐트러질 수밖에 없다. 성향도 마찬가지다. 내향형인 사람이 본모습이 아닌 외향형으로 보이기 위해서는 에너지를 더 써야 하는 게 당연하다. 사람이 쓸 수 있는 에너지는 한정적이다. 나폴레온 힐은 말했다. 사람과 사람 사이에는 아주 작은 차이가 존재한다. 그러나 이 작은 차이가 엄청난 격차를 만들어낸다. 여기서 작은 차이는 '마음가짐이 적극적인가, 소극적인가'이고 엄청난 격차는 '성공하느냐, 실패하느냐'이다. 장기적으로 봤을 때 자연스럽게 성향이 나오는 사람과 노력해서 만들어내는 사람 사이에는 분명한 격차가 생길 수밖에 없다.

성취의 측면보다 더 큰 문제는 우리가 회사에서 너무 많은 시간을 보낸다는 데 있다. 자신감을 보여주기 위해 외향의 가면으로 내향적 성향을 감추는 시간이 길어지면 점점 자신의 성향을 열등하다고 느끼게 되고 본성을 그대로 받아들이기가 어려워진다. 가면을 쓴 채 내가 가지지 못한 부분을 계속해서 부러워하게 되면 자존감은 낮아지고 열등감은 커지는 결과를 초래한다. 자존감은 자신을 존중하고 사랑하는 마음이다. 본래의 자신이 아닌 가면을 쓴 자신을 존중하고 사랑한다면 몸과 마음에 반드시 문제가 생긴다.

내 모습 그대로 편안하게 일할 순 없을까.

혼자 있는 것을 선호하고 홀로 일할 때 훨씬 더 집중할 수 있는 사람이 있다. 혼자 놀거나 조용하게 책을 읽는 것을 좋아했던 어린 시절의 모습을 일에 고스란히 적용한다고 생각하면 된다.

평균 수명 100세 시대가 현실로 다가온 만큼 우리가 일해야 하는 시간도 점점 길어질 것이다. 인생을 마라톤이라고 생각하면 부상 없이 목표 지점까지 달리기 위해서 가장 중요한 건 자신의 페이스 유지다. 『이젠 내 시간표대로 살겠습니다』에서 저자인 미카엘라 청은 남들의 기대에 어울리는 외향적인 사람이 되려고 노력했지만, 맞지 않는 옷이라는 사실을 깨닫고 자신의 내향적인 성격을 받아들였다. 그녀는 내향형의 속도는 급행열차처럼 앞을 향해 내달리는 외향형과는 다르다고 했다.

'내향적인 사람이 급행열차처럼 삶을 질주하는 것은 발이 푹푹 빠지는 진흙탕 위를 달리는 것과 비슷하다. 속도를 내려 할수록 발은 더 깊이 빠진다. 진흙탕이 발을 삼켜버리고 한 발 한 발 내딛기조차 힘들다. 너무 힘차게 출발하면 신발이 벗겨지면서 진흙탕으로 고꾸라진다. 거기서 탈출하는 유일한 방법은 작은 발걸음으로 천천히 걷는 것이다.'

조금 속도를 늦추더라도 내향적인 자신의 성향에 맞는 리듬으로 사는 방법이 바로 홀로 일하기다.

물론 내향형이라고 해서 홀로 일하기가 모두에게 정답일 수는 없다. 혼자서 일하는 것에 두려움이나 거부감이 있는 사람, 자기 시간을 잘 통제하지 못하는 사람, 소속감을 중요하게 생각하는 사람, 주변의 기대와 다른 사람의 시선을 중요하게 생각하는 사람은 가면을 쓰고 스트레스를 받으면 받았지 홀로 일하기를 꺼려할 가능성이 크다. 실제로 많은 내향형 직장인들이 우울증에 걸릴 정도로 힘들어하면서도 꾸역꾸역 회사에 다닌다. 어떤 이는 직장인으로 끝까지 남는 것도 의미 있는 일이라고 말한다. 도전하는 삶만이 좋은 삶이 아니라는 의미다. 맞는 말이다. 어떤 사람에게는 직장에서 정년까지 일하면서 아이 낳고 가족을 부양하고 나이 들면 모아둔 돈으로 노후를 보내는 삶이 만족스러울 수 있다.

하지만 흥미로운 건 많은 사람이 죽기 전에
가면을 쓰고 산 걸 후회한다는 사실이다.

사람들이 죽기 전에 하는 후회 중 하나는 자신에게 진실하지 않고 다른 사람이 나에게 기대하는 모습으로 살았다는 점이다. 말기 환자의 간병 일을 했던 브로니 웨어는 노인들로부터 평생 살면서 후회하는 일에 대해 들은 후 그들의 이야기에 공통점이 있다는 걸 깨달았다. 그녀는 그들에게서 가장 많이 들은 다섯 가지 후회와 일화를 엮어 『내가 원하는 삶을 살았더라면』을 썼다. 죽기 전에 사람들이 가장 많이 한 후회는 무엇이었을까? 바로 책의 제목과 같은 '다른 사람이 아닌, 내가 원하는 삶을 살았더라면'이었다. 책에서 사람들이 특히 후회하는 것은 시도조차 해보지 않았다는 점이다. 성공 여부를 떠나 시도만 했더라도 지난 인생과는 달라졌을 거라고 사람들은 후회했다.

홀로 일하기는 직장인에게는 큰 도전이다. 몇십 년 동안 당연하다고 생각했고 유일한 길이라고 큰 의심 없이 믿었던 삶에 변화를 주는 일이기 때문이다. 지금의 삶이 참을 만하다고 여겨진다면 굳이 도전할 필요는 없다. 하지만 병원을 찾을 정도로 정신적으로 힘들고 간 수치와 황달 수치가 위험할 정도로 높아졌다면 한 번쯤 시도는 해볼 수 있지 않을까? 두려울 수 있겠지만, 내 개인적인 경험과 많은 내향적인 사람들의 사례를 보면 가면을 쓰는 것만이 사회에 받아들여질 수 있는 유일한 길은 아니다. 오히려 가면을 벗고 내 본 모습대로 사는 것이 사회에서 더 인정받을 수 있다. 다른 사람의 기대에서 벗어나 나답게 사는 것이 중요하다.

혼자 일하기의
즐거움

홀로 일하기는 진정한 고독의 시간, 창의적 휴식 시간,
주도하는 시간을 제공해 창의력과 잠재력을 발휘하게 해준다.

브레인스토밍(brainstorming)은 한 가지 문제를 놓고 여러 사람이
회의를 해 아이디어를 구상하는 방법이다. 브레인스토밍의 4대
원칙은 자유로운 분위기, 질보다 양, 비판하지 않기, 결합과 개
선이다. 아이디어를 얻는 데 효과적이라고 알려져 많은 회사에
서 사용한다. 나 역시 마케팅부서에서 근무할 때 경험한 적이
있다. 종일 진행되는 세미나에서 브레인스토밍은 새로 출시되

는 약품의 홍보를 어떻게 할 것인가 하는 주제로 진행되었다. 진지하게 참여하면서 몇 가지 아이디어를 냈다. 진행자는 비판 없이 화이트보드에 내 아이디어를 적었다. 하지만 참가자들이 제시한 아이디어를 결합하고 개선해 몇 개의 최종 아이디어로 정리하는 마지막 과정에서 내가 낸 아이디어는 하나도 살아남지 못했다. 실제로 아이디어가 별로였을 수도 있지만, 더 큰 문제는 나의 태도였다. 여러 사람과 함께 일할 때 참여는 했지만, 마지막 단계에서 내가 낸 아이디어를 강력하게 주장하지는 않았다. 목소리 큰 다른 사람의 아이디어에 오히려 힘을 실어주고 다수의 의견에 묻어가려 할 때가 많았다.

브레인스토밍할 때와 마찬가지로 소심한 내향형은 회사에서 자신의 능력을 백% 발휘하지 않는다. 내향형은 주목받기를 별로 좋아하지 않는다. 자신을 과대평가하지도 않고 의견을 밀어붙이지도 않는다. 하지만 그와 반대인 사람은 항상 존재한다. 자신과 실적을 잘 포장하고 자신감 있게 의견을 내는 사람은 상사의 눈에 들기 마련이다. 이런 사람은 작은 프로젝트라도 리더가 될 확률이 높다. 프로젝트가 진행되는 과정에서 능력을 발휘할 기회를 얻는 것이다. 반면 내향형은 주로 지원하는 업무나 실무를 맡게 된다. 주어진 역할에 충실해 훌륭한 아이디어를 내고 자료를 만든다 해도 보통 결과물은 리더가 발표하게 마련이다. 외향형의 리더는 주목을 받고 기회를 얻는 선순환이 생기지만 내향형은 자신의 숨겨진 능력을 발휘할 기회를 계속 놓친다.

회사는 잠재력을 발휘하기 힘든 것과 마찬가지로 창의력을 발휘하기에도 좋은 환경이 아니다. 어떤 일에서 창의력을 발휘하기 위해서는 우선 그 일에 온전히 몰두할 수 있어야 한다. 하지만 회사에 출근하면 여러 가지 일이 한꺼번에 몰려든다. 이메일을 확인해야 하고 회의에 참석해야 한다. 동시에 부장님의 기분도 살펴야 하고 기한을 맞추기 위해 지금 진행하는 일 외에 다른 일에도 착수해야 한다. 직장인이라면 멀티태스킹이 당연한 업무 방식이다. 도저히 한 가지 일에 몰두할 시간을 찾기가 힘들다.

마케팅부서에서 일하면서 진짜 중요한 업무는 오후 6시가 되어서야 시작할 수 있었다. 6시가 지나 영업팀과 다른 부서 사람들이 퇴근한 후에야 난 다른 사람의 방해 없이 마케팅 플랜을 짜고, 자료를 만들고, 실적을 분석하는 등, 본질적인 업무에 집중할 수 있었다. 안타깝게도 집중할 수 있는 시간은 항상 모자랐고 이미 에너지 대부분은 비교적 중요하지 않은 일에 사용한 상태였다. 오늘만큼은 하나라도 제대로 해봐야지 하는 다짐은 매번 '내일은 반드시'라는 아쉬움으로 이어졌다.

직장에서는 한 가지 일에 몰두할 시간도 공간도 턱없이 부족하다. 어쩌면 회사는 그런 사실을 누구보다 잘 알고 있을지도 모른다. 대부분 회사는 겉으로는 창의성을 강조하면서도 직원들의 'think different(다르게 생각하기)'를 바라지 않는다. 다르게 생각하는 사람이 너무 많으면 회사가 원하는 대로 돌아가지 않기 때문이다.

철학자 임마누엘 칸트는 정확히 3시 30분에 산책한 것으로 유명하다. 산책을 통해 얻은 여유는 창의적인 발상으로 이어졌다. 『샬롯의 거미줄』을 쓴 작가 E. B. 화이트는 "부분적으로 창조는 집중을 방해하는 크고 작은 일들을 포기하는 과정에 지나지 않는다"고 말했다. 직장에 다니면서 방해받지 않을 수는 없다. 그만큼 여유를 찾기가 힘들다. 직장이라는 환경을 내 입맛에 맞게 바꿀 수도 없는 일이다. 내 안의 창의력과 잠재력을 끌어내고 싶다면 업무 환경을 바꾸는 게 우선이다. 환경을 바꾸는 일은 내가 선택할 수 있는 일이기 때문이다. 그런 면에서 홀로 일하기는 창의력과 잠재력을 끌어낼 수 있는 시간을 우리에게 제공한다.

1. 진정한 고독의 시간

군중 속의 고독이라는 말이 흔히 쓰인다. 주변에 사람이 복작거려도 자신을 제대로 이해해주는 사람이 없어서 느끼는 외로움을 말한다. 진정한 고독과 군중 속의 고독은 다르다. 주변에 아무도 없고 오직 나만 있는 상황. 진정한 고독은 군중 속의 고독처럼 외롭고 쓸쓸하지만, 누구로부터도 방해받지 않고 자유를 만끽할 수 있는 장점도 있다. 진정한 고독의 시간을 가져야 하는 이유는 그때만이 오롯이 집중할 수 있기 때문이다. 그리고 무언가에 집중할 때 문제 해결을 위해 뇌가 적극적으로 활동하면서 창의력을 끌어낼 수 있다.

일본의 드라마인 〈고독한 미식가〉에서 주인공인 고로는 항상 혼자서 밥을 먹는다. 요리사나 종업원, 손님 등 다른 인물이 극 중에 등장하지만, 밥을 먹을 때만큼은 고로 혼자다. 신중하게 메뉴를 고르고 음식이 나오면 고로는 주변에는 일절 신경 쓰지 않고 먹는 일에만 집중한다. 맛있는 음식을 먹으며 감탄과 함께 내뱉는 창의적인 내레이션은 고로가 얼마나 그 순간에 집중하는지 제대로 보여준다.

칼 뉴포트는 그의 저서 『딥워크』에서 철저하게 몰입할 수 있는 방식 중 하나로 '수도승 방식'을 설명했다. 수도승 방식은 외부로부터 자신을 철저하게 고립시켜 몰입할 수 있는 시간을 최대로 확보하는 것이다. 빌 게이츠가 1년에 두 번씩 외딴 호숫가 별장에 홀로 머물며 '생각 주간(Think Weeks)'을 갖는 것도, 미국의 철학자인 헨리 데이비드 소로가 '월든'이라는 호숫가 숲속에 5평짜리 오두막을 직접 짓고 2년 2개월 동안 자급자족하며 지낸 것도 방해 없이 본질을 파고들기 위해서다.

우리는 경험상 혼자 있는 시간이 얼마나 중요한지 이미 알고 있다. 학창 시절, 수능 점수를 잘 받기 위해 학원에 다니고 과외를 받았지만, 수업을 듣는 것만으로는 머릿속에 남는 게 거의 없었다. 배운 내용을 복습하고 내 것으로 만들기 위해서는 혼자서 학습하는 시간이 필요했다. 창의력을 위한 집중은 아니었지만, 그 당시 얼마나 많은 양의 정보를 암기하고 얼마나 다양한 종류의 학문을 동시에 공부했는지 지금과 비교해본다면 아마 놀랄 것이다.

직장에서는 작은 소음부터, 전화벨 소리, 상사의 목소리까지 수많은 외부 자극이 끊임없이 나타났다 사라진다. 그냥 넘겨버리거나 무시하는 사람도 있지만, 외부 자극에 섬세한 사람에게는 업무 효율을 떨어뜨리는 주범이다. 반면 홀로 일하기는 고로가 밥을 먹는 방식과 같다. 진정한 고독 속에서 내가 멈추지 않는 한 누구도 업무를 방해하지 않는다. 마치 고로에게 음식과 자신밖에 없는 것처럼 업무와 자신 외에는 아무것도 없다.

2. 창의적 휴식 시간

유레카! 고대 그리스의 아르키메데스는 목욕탕에서 퍼뜩 떠오른 생각에 기쁨을 감추지 못하고 뛰쳐나가며 큰 소리로 외쳤다. 유레카는 '알아냈다'라는 의미로 왕관이 순금인지 확인해 달라는 왕의 요청에 고민하던 그가 목욕탕에서 물이 넘치는 모습을 보며 그 방법을 떠올렸을 때 외친 말이다. 많은 사람이 유레카를 외친 아르키메데스의 이야기를 우연한 발견의 사례로 사용한다. 하지만 보는 시점을 달리하면 우연이라고만 볼수 없다. 아르키메데스는 왕의 요청에 엄청나게 고민했을 게 당연하다. 지레의 원리를 발견하고 최초로 원주율 값을 소수점 둘째 자리까지 구한 뛰어난 인물이었지만, 아무리 생각해도 방법을 찾지 못한 그는 휴식을 위해 공중목욕탕을 찾았다. 목욕하며 잠시 생각을 내려놓고 여유를 느낄 때, 느닷없이 그의 머릿속에 아이디어가 떠오른 것이다.

글을 쓰다 보면 스토리가 막힐 때가 많다. 그럴 때는 컴퓨터 앞에 앉아서 이렇게도 써보고 저렇게도 써보고 하지만 영 마음에 들지 않아서 다 지우기 마련이다. 그런데 신기하게도 글쓰기를 마치고 샤워만 하면 그렇게 생각나지 않았던 스토리와 아이디어가 마구 떠오른다. 혹시 잊어버릴까봐 화장실에서 나오자마자 대충 물기만 닦고 노트에다 아이디어를 적어놓은 적이 한두 번이 아니다. 다른 작가의 이야기를 들어보면 자기 전에 침대에 누우면 그렇게 생각이 안 나던 스토리나 플롯이 떠오른다고 한다. 찾아보면 비슷한 사례는 수도 없이 많다.

창의적인 아이디어나 문제 해결의 실마리는 무언가에 몰입하고 난 후 여유로운 시간을 가질 때 떠오른다. 왜일까? 집중할 때 우리의 머릿속은 문제 해결을 위한 여러 가지 생각으로 가득 차 있다. 뇌는 여러 생각을 정리하고 처리하는 데 주로 에너지를 쓴다. 그러다 여유를 갖게 되면 머릿속에 새로운 생각이 떠오를 수 있는 공간이 생긴다. 뇌는 공간을 통해 여러 생각을 분석하고 조합해 해결책을 제시한다. 쉬고 있는 도중에 떠오르다 보니 아르키메데스처럼 발가벗고 유레카를 외치는 상황이 생기는 것이다.

직장에서는 제대로 일하는 시간을 확보하기 어려운 만큼이나 쉬는 시간을 충분히 갖기도 어렵다. 회사와 부서 그리고 상사의 페이스에 맞춰 일할 수밖에 없다 보니 자신이 원하는 대로 일하고 쉬는 것을 조절할 수 없기 때문이다. 업무를 마라톤에 비유한다면 홀로 일하면 다른 사람의 빠르기에 신경 쓸 필요가 없다. 보이는 건 오직 나의 발과 풍경일 뿐. 나만의 페이스에 맞춰, 조금 힘들면 속도를 줄이면 되고 힘이 나면 속도를 올리면 된다. 쉬고 싶을 때 충분히 쉴 수 있는 시간적 여유는 집중해서 일하고 난 뒤 회복할 시간을 줄뿐더러 유레카를 외칠 수 있게 만들어준다.

'바쁘다 바빠! 빨리빨리!' 속에서 일하는 직장인은 눈앞에 닥친 업무를 처리하기 위해 머릿속이 복잡한 상태로 하루를 보낼 수밖에 없다. 그렇다고 반드시 뇌를 사용하는 건 아니다. 퇴근할 때나 집에 와서 쉴 때의 모습은 어떨까? 내일에 대한 스트레스와 함께 스마트폰으로 게임이나 SNS를 하면서 휴식을 취한다. 생각의 여유가 아니라 생각을 차단하는 휴식인 셈이다.

홀로 일을 하면 시간적 여유가 생각의 여유로 자연스럽게 연결된다. 이미 몰입을 통해 많은 생각을 한 상태에서 충분한 휴식은 생각을 비우는 방향, 즉 뇌가 쉬기 위해 멍 때리는 상태로 이어진다. 멍 때리기가 창의력을 높인다는 실험은 많은 뇌 과학자와 심리학자의 연구와 실험으로 증명된 이야기다. 하버드대학교 정신건강의학과 스리니 필레이라 교수는 집중은 길 앞을 똑바로 비추는 폐쇄적이고 좁은 광선인 데 반해 멍 때리기는 멀고 넓은 곳까지 비춰 주변을 볼 수 있게 해주는 광선과 같다고 말했다. 집중과 멍 때리기를 통한 생각의 여유를 적절하게 결합해서 새로운 리듬을 만들면 생산성과 창의성, 독창성을 크게 발휘할 수 있다는 것이다.

3. 주도하는 시간

영업할 때 성과를 내기 위해 주위로부터 들은 조언 중 하나는 일을 내 사업처럼 하라는 말이었다. 영업할 당시 나는 특정 지역을 맡았었다. 내 사업처럼 하라는 조언은 내가 그 지역의 도매상 사장인 것처럼 일하라는 거였다. 담당하는 약이 병원에서 많이 처방되면 그만큼 도매상의 매출이 올라가기 때문이다.

월급쟁이에게 그다지 효과 있는 조언은 아니었다. 내 일처럼 열심히 해도 돌아오는 건 얼마 안 되는 성과급뿐이기 때문이다. 하지만 그렇게 한 지역을 책임지고 일하면서 한 가지 느낀 점은 있었다. 내가 사장이라고 생각하니 주도적으로 일할 수밖에 없었다. 실적을 내기 위해 본사나 영업팀에서 시킨 일 말고도 일을 찾아서 했고 선배들이 기존에 했던 영업 방식 외에 다른 해결책을 찾아보기도 했다.

하지만 영업팀에서 내근직인 마케팅부서로 옮기면서 사장처럼 일한다는 마인드는 완전히 사라졌다. 수많은 사람과 얽혀 일하는 내근 부서의 업무 환경에서는 프로젝트를 맡더라도 도저히 자신을 사장처럼 생각하고 일할 수 없었다. 한 지역을 맡아 성과까지 책임지는 영업직과 달리 내근 부서는 상사에게 의존하거나 묻어가는 환경이었다. 세미나에서 브레인스토밍했을 때처럼 나는 시키는 일만 열심히 하는 내향형의 직원으로 다시 돌아갔다.

한 지역을 맡은 영업사원과 마찬가지로 홀로 일하기는 내가 주도할 수밖에 없다. 맡은 지역에서 일하는 사람이 나밖에 없기 때문이다. 군중에 묻혀 최선을 다하지 않고 일해도 월급이 나오는 직장과 달리 홀로 일할 경우 내가 제대로 일하지 않으면 단돈 만 원조차 벌 수 없다. 성과를 내기 위해서는 주도적으로 일을 해야 할 뿐 아니라 적극적으로 아이디어를 짜내야 한다. 그런 과정에서 내향형의 장점이 빛을 발할 수 있다. 내향형은 근본적인 문제를 심오하게 고민한다. 외부 세계에 관심이 많은 외향형보다 성찰 능력이 높고 한 가지에 더 잘 집중할 수 있다. 아이디어도 많이 가지고 있다. 주도적으로 일하면 회사에서는 사용하지 않았던 잠재력을 모두 끌어낼 수밖에 없다.

팔리는 소설을 쓰기 위해서는 단순히 문장을 구성할 수 있는 능력뿐만이 아니라 이야기를 만들어내는 창의력과 독자들이 좋아하는 소재를 파악할 수 있는 기획력도 필요하다. 지금은 소설을 써서 먹고살지만, 아무도 내가 글을 쓰며 살 거라고 예상하지 못했다. 심지어 나조차도 내 안에 이런 능력이 있는 줄 몰랐다. 직장인으로 8년을 일했지만, 회사 일을 하면서는 전혀 사용하지 않았던 능력이기도 하다.

당신이 몰랐던
무한한 가능성의 세상

꿈의 직장이라 불리는 애플, 구글, 마이크로소프트 같은 기업의
직원 근속연수가 2년을 넘기지 못한다.
회사라는 틀을 벗어나면 무한한 가능성이 앞에 나타난다.

유튜브에서 활동하고 있는 뷰티 크리에이터 이사배 씨는 2018
년 올해의 브랜드 대상에서 콘텐츠크리에이터상을 수상했다.
그녀는 얼마 전 TV 예능 프로그램인 〈라디오스타〉에 출현해 포
털 검색 순위 1위에 오르기도 했다. 유튜브 채널을 통해 150만
명 이상의 구독자에게 메이크업과 관련된 다양한 콘텐츠를 제
공하는 그녀는 가수에까지 도전하며 자신의 영역을 확장하고

있다. 흥미로운 사실은 라디오스타에서 밝힌 그녀의 경력이다. 유튜브에서 개인 방송을 하기 전 MBC 보도국과 미술센터에서 분장이나 메이크업을 담당했다는 사실은 큰 화제가 되었다. 이사배 씨가 지금과 같은 성공을 거둘 수 있었던 데는 특수분장을 비롯해 10년 이상 쌓아온 메이크업 경력과 노력은 물론이고 딱 보기에 타고난 흥과 끼가 가장 큰 요인일 것이다. 거기에 한가지를 더한다면 직장을 그만둔 용기가 그녀의 가능성을 열어준 계기가 되었다.

직장에 다닐 때 내가 예측할 수 있었던 미래는 그다지 가슴 뛰는 그림은 아니었다. 직장인으로서 앞으로 이룰 가능성은 무엇일까? 샐러리맨 신화라고 해서 대우를 나와 셀트리온을 창업한 서정진 회장이나 증권회사에 다니다 미래에셋을 창업한 박현주 회장 같은 경우도 있지만, 말 그대로 신화라고 할 만큼 드문 일이다. 이런 경우를 제외한다면 사장까지가 내가 생각했던 직장인으로서 가능성의 최대치였다. 수많은 경쟁을 물리치고 사원에서 사장까지 오르는 과정은 엄청난 노력이 필요하다. 하지만 직장인으로서 생각할 수 있는 미래의 가능성은 우리가 사는 넓은 세상의 다양하고 무한한 가능성과 비교하면 한계가 명확하다. 개인이 경험할 수 있는 가능성을 회사라는 틀 안으로 제한하기 때문이다. 설문조사에 따르면 꿈의 직장이라 불리는 애플, 구글, 마이크로소프트 같은 기업의 직원 근속연수가 2년을 채 넘기지 못한다. 1위인 페이스북도 2년을 겨우 넘긴 2.02년이었다. 꿈의 직장에 입사할 정도로 똑똑한 사원들은 직장이라는 공간이 자신의 가능성을 제한한다는 사실을 바로 알아챈다.

반면 홀로 일하기에서는 무한한 가능성이 존재한다. 어떤 일이 벌어질지 예측도 불가능하다. 하지만 실현 가능성은 오히려 크다. 정해진 한계가 없기 때문이다. 부차적인 일에 신경 쓰지 않고 자신의 콘텐츠 하나로 승부가 갈린다면 소심하고 내성적인 사람에게도 어떤 미래든지 충분히 가능성이 있다. 좋은 콘텐츠를 만들 수만 있다면 이사배 씨처럼 다양한 가능성이 앞에 나타날 수 있다는 말이다.

어떤 일이 벌어질지는 아무도 모른다.

『해리포터』의 유명세만큼이나 작가인 조앤 K. 롤링의 성공 스토리는 많은 사람에게 알려져 있다. 비정규 사무직을 전전하며 생활고에 시달리던 그녀가 혼자 기차를 타고 가다 떠올린 소설이 바로 『해리포터』였다. 애초에 자신의 아이들에게 읽어 줄 동화로 시작했다는 소설은 전 세계적으로 초대형 베스트셀러가 됐음은 물론 영화로도 제작되어 큰 인기를 끌었다. 그녀는 『해리포터』라는 한 편의 소설을 통해 안데르센 상 등 아동 문학상을 휩쓸었고 영국 왕실에서 작위와 대영제국 훈장까지 받았다. 조앤 K. 롤링의 사례가 너무 특별해 와 닿지 않는가? 우리 주변에서도 비슷한 일은 계속 벌어지고 있다.

크리스 길아보의 『100달러로 세상에 뛰어들어라』에 나오는 소프트웨어 개발자 브랫 켈리의 사례는 홀로 일하기를 통해 삶이 완전히 바뀐 모습을 보여준다. 지나치게 많은 회사 업무로 스트레스를 받고 있었고 맞벌이를 해도 카드빚이 상당했던 브랫 켈리는 어느 날 자신이 자주 사용하던 무료 일정관리 애플리케이션 '에버노트'의 문제점을 깨닫는다. 애플리케이션 자체는 훌륭했지만, 영어로 된 사용자 매뉴얼이 없다는 점이었다. 매뉴얼이 다양하게 나와 있는 다른 나라의 사례로 시장성을 확인한 그는 홀로 일하기를 시작했다. 몇 달에 걸쳐 에버노트의 사용법과 팁을 정리해 PDF파일로 만든 브랫 켈리는 온라인을 통해 매뉴얼 판매를 시작했다. 일정 수준의 판매가 되려면 몇

달은 걸릴 거라고 예상했지만, 단 11일 만에 페이팔에 입금된 금액이 만 달러를 넘어섰다. 그 이후에도 판매가 꾸준히 되면서 매뉴얼 판매로 인한 그의 연간 수입은 12만 달러였다. 재밌는 건 그다음이다. 에버노트를 개발한 회사의 임원이 매뉴얼을 보고 연락을 해왔고 브랫 켈리에게 에버노트의 일자리를 제안한 것이다. 그는 다니던 직장을 바로 그만두고 재택근무와 매뉴얼 판매 수익을 자신이 계속 가져간다는 조건으로 에버노트에 입사했다. 10년 넘게 빚에 쪼들리던 그와 가족은 빚에서 해방되었고 맞벌이했던 아내는 식당일을 그만두고 아이들과 더 많은 시간을 보낼 수 있게 되었다.

처음에 웹소설을 쓸 때 내 시야는 소설 자체의 성공 가능성에 국한되어 있었다. 하지만 내가 알고 있던 것보다 웹소설의 가능성은 다양하다. 〈구르미 그린 달빛〉, 〈해를 품은 달〉, 〈김비서가 왜 그럴까?〉의 공통점은 성공한 드라마인 동시에 웹소설을 원작으로 하는 드라마라는 사실이다. 영화화까지 고려해 소설을 쓴다는 『다빈치 코드』의 저자 댄 브라운과는 달리 대부분 웹소설 작가는 자신의 소설이 드라마나 영화가 될 것이라고 상상하지 않는다. 내가 만든 캐릭터를 박보검과 아이유가 연기한다면 어떤 기분일지 상상조차 가지 않는다. 하지만 이미 한 번 벌어진 일을 불가능하다고 말하지는 않는다. 대중에게 많이 알려지지 않은 웹소설이더라도 다양한 가능성을 보여준다. 웹툰이나 게임 시나리오와 같은 2차 창작물로 변신하는 것은 물론 영어권과 대만, 일본, 중국 등에 번역되어 수출되기도 한다.

뮤직 크리에이터로 활동하는 제이 플라는 한국에서보다 해외에서 더 유명한 유튜버. 기존에 나와 있는 팝송 등의 곡들을 자기만의 스타일로 커버해 노래하는 그녀의 채널은 800만 명의 구독자와 1억 조회수를 달성하기도 했다. 이처럼 인터넷 등의 기술 혁신으로 가능성은 우리나라 안에서만 머무르지 않는다. 유튜브의 순 시청자 수는 전 세계적으로 10억 명이라고 한다. 전 세계 인구의 7분의 1이 매달 60억 시간을 시청하는 시장. 앞으로 어떤 가능성이 모습을 드러낼지 알 수 없는 일이다.

살면서 다른 사람의 삶에 긍정적인 영향을
끼치는 일이 얼마나 있을까?

돌이켜보면 40년 가까운 세월을 살면서 가족을 제외하고는 누군가의 생각이나, 행동을 바꾼 적은 거의 없었다. 얼굴조차 보지 못한 사람이라면 더욱 그렇다. 꼭 누군가에게 영향을 끼쳐야 하는 건 아니지만, 나 때문에 어떤 사람이 긍정적인 생각을 하거나 좋은 결과를 얻는다면 의미 있는 일이라고 생각한다. 나는 웹소설을 통해 그런 경험을 할 수 있었다.

우리 주위에서 흔하게 볼 수 있지만, 장르 소설의 주제로 찾아보기 힘든 영업사원을 주인공으로 정한 것은 제가 첫 직장을 영업직으로 시작한 이유도 있지만, 영업에 대한 편견을 한번 깨보고자 하는 마음도 있었습니다.

첫 소설인 『영업사원 김유빈』을 마무리하고 쓴 완결 후기 중 일부다. 제약회사 영업사원을 MR(Medical Representative)이라고 부른다. 우리말로 번역하면 의약정보담당자 정도인데 제약협회의 정의로 보면 '제약회사를 대표하여 자사 의약품의 정보를 수집하여 제공하는 자'라고 규정하고 있다. 실제로 첫 직장이었던 외국계 제약회사에 다니면서 내가 주로 한 일은 의사에게 약품에 관해 설명하는 것이었다. 관련 논문이나 학회지를 전달하면서 경쟁 제품과 비교하기도 하고 때로는 의사를 모아놓고 약품 관련 프레젠테이션을 하기도 했다. 물론 친밀도를 높이기 위해 별다른 이유 없이 방문한 적도 있지만, 잠깐이라도 약 이야기를 하지 않은 적은 없었다. 하지만 제약회사 영업사원에 대한 일반적인 생각은 영화 '연가시'에서 영업사원으로 나오는 김명민 씨의 모습과 크게 다르지 않다. 의사 대신 세차를 하고 술 마신 의사를 집에 데려다주는 심부름꾼. 약품을 설명하는 게 아니라 리베이트를 꽂아주는 장사꾼 정도의 이미지가 여전히 팽배해 있다. 소설을 연재하면서 주인공의 능력으로 왜 영업사원 따위를 하느냐 같은 댓글도 많이 달렸다. 물론 재미가 먼저지만 난 후기에 쓴 것처럼 『영업사원 김유빈』을 통해 영업의 중요성과 영업사원에 대해서도 알리고 싶었다. 완결편과 후기에 달린 소중한 댓글을 보며 내가 얼굴도 모르는 누군가의 생각에 영향을 끼칠 수 있다는 사실에 전율이 일었다.

'몰랐던 영업의 세계를 알게 되어 즐거운 시간이었어요. 다음 작품도 기대하겠습니다!'

'재미있게 봤으며 영업이라는 것에 대해 많은 생각이 들게 만드는 글이었습니다.'

'영업…. 3년이 지나 대리급이 되기 전에 이런저런 생각이 많았는데 유빈을 통해 마음가짐부터 일에 대한 저의 태도까지

많은 부분을 되돌아보게 되었습니다.'

　의사를 주인공으로 쓴 두 번째 소설인 『퍼펙트 써전』에서
도 놀라운 경험을 한 적이 있다. 흑색종(피부암의 일종)과 관련된 에
피소드를 읽은 독자분께서 써준 댓글을 보며 작가로서 또 다른
충족감을 느꼈다.

　'아…. 세상에 제 병을 이 소설보고 알았네요…. 저도 흑색
종이고 병원 진단 결과 악성이 맞습니다. 등 뒤에 불규칙한 점
처럼 넓게 나 있는데 의사 선생님께서 표피확산형 흑색종이라
며 요즘 갑자기 많이 발병한다고 하네요. 생긴 지 1년 넘었는데
이 소설을 좀 일찍 알았더라면….'

　내 소설이 누군가에게 영향을 미친 것처럼 브랫 켈리가 만
든 에버노트 매뉴얼을 구매한 어떤 사람은 업무 효율성이 높아
졌을 것이다. 『구르미 그린 달빛』은 우리나라 역사를 공부하고
싶은 계기가 되었을지도 모른다. 『해리포터』를 통해 인종 차별
을 비판한 조앤 롤링의 의도를 누군가는 진지하게 받아들여 삶
속에서 실천했을 것이다. 다른 사람에게 좋은 영향을 끼치는

일도 홀로 일하기를 통해 이룰 수 있는 다양한 가능성 중 하나다. 홀로 일하기는 다른 사람의 의견에 영향 받지 않고 나만의 콘텐츠를 선보일 수 있는 업무 방식이기 때문이다. 또한, 그렇기 때문에 그것의 결과물은 온전히 나의 것이 되고 당연히 충족감도 더 크다.

억대 연봉, 남의 이야기가 아니다.

대중에게 많이 알려진 대표적인 유튜버 대도서관 나동현 씨는 언론과 저서에서 자신의 수입을 거리낌 없이 공개했다. 아프리카TV에서 유튜브로 옮긴 뒤 방송을 통해 나오는 광고 수익이 6,000만 원이 넘는다. 저서 『유튜브의 신』에서는 유튜브로 연간 17억 원을 번다고 밝히기도 했다. 나동현 씨가 수입을 대놓고 공개한 이유는 유튜브, 넓게 말하면 콘텐츠 크리에이터 시장이 블루오션이라는 사실을 널리 알리기 위해서다.

많은 사람의 일상이 된 유튜브와는 달리 같은 콘텐츠 크리에이터 시장이지만 웹소설은 아직 일부 사람만의 취미로 인식되고 있다. 하지만 웹소설 시장 역시 매년 큰 성장세를 보이고 있고 시장의 파이가 커지는 만큼 작가의 수입도 증가하고 있다. 대표적인 예로 무협 소설을 주로 쓰는 장영훈 작가는 2014년에 이미 매출 10억 원을 넘겼다. 그는 『절대강호』, 『환생천마』 등 인기 작품을 꾸준하게 내고 있다. 소설 한 편이 벌어들일 수 있는 매출도 증가했다. 작년에 연재된 산경 작가의 『재벌집 막내아들』은 장르소설 플랫폼인 문피아에서만 9억 원이 넘는 매출을 올렸다. 또 남희성 작가의 소설 『달빛조각사』는 플랫폼인 카카오페이지에서 30억 원의 매출을 올렸다. 100만 부 이상 팔린 종이책과 2차 창작물인 게임 관련 저작물 매출은 제외한 금액이니 소설 한 편의 매출 가능성을 단적으로 보여주는 예다. 시장이 커지면서 억대 연봉 작가 수도 매년 증가하고 있다. 위에 언급한 유명 작가가 아니더라도 얼마든지 큰 수입을 올릴 수 있다. 나 역시 그리 유명한 작가는 아니다. 의학물에 관심이 있거나 내 소설을 읽은 사람 정도만 알뿐 네임 밸류는 거의 없다고 해도 과언은 아니다. 그럼에도 불구하고 한 편의 소설을 통해 억대 연봉을 거머쥘 수 있었다. 유명 유튜버의 수익은 어느 정도 알고 있어도 웹소설 작가의 수입이 이렇게 높은지 알지 못했던 사람이 대부분일 것이다. 유튜브(개인방송), 웹툰, 웹소설 외에도 잘 알려지지 않은 콘텐츠 시장은 많이 있고 계속 생겨나고 있다.

그렇다고 환상만을 심어주고 싶지는 않다. 다른 일과 마찬가지로 1인 지식 창업자나 콘텐츠 크리에이터도 성공한 사람이 있고 그렇지 못한 사람이 있다. 웹소설 작가도 1년에 10억을 버는 사람이 있는 반면에 부업을 하지 않으면 생계를 유지하기 힘든 사람도 있다. 섣불리 회사를 그만두는 선택을 만류하는 이유이기도 하다. 전업으로 콘텐츠 크리에이터를 시작하려면 따져봐야 할 게 한둘이 아니다.

내가 강조하고자 하는 바는 가능성의 영역이다. 국세청 자료에 의하면 2016년 억대 연봉 직장인의 비율은 전체 근로자 중 3.7%라고 한다. 높은 연봉을 받는다는 말은 직장에서 높은 자리에 있다는 말과 같다. 직시해야 할 점은 직장 내에서 승진 요인은 업무 능력뿐만이 아니라는 것이다. 상사와의 친분, 학연, 지연을 비롯한 인간관계, 여성이라면 유리천장 등 업무 외적인 요인도 많이 작용한다. 직장인이 억대 연봉을 받으려면 업무만을 잘해서는 어렵다는 뜻이다. 자신이 내향형 직장인이라면 따져봐야 할 이야기다. 그에 반해 홀로 일하기에서 다른 요소와 비교할 수 없을 정도로 큰 성공 요인은 콘텐츠 자체다. 직장과 달리 업무 능력이 거의 전부란 뜻이다. 물론 그 안에는 시장성과 트렌드를 읽을 수 있는 통찰력과 꾸준하게 콘텐츠를 만들어낼 수 있는 성실함 등 다양한 요소가 들어 있지만, 충분히 내가 통제할 수 있는 것들이다.

사람들은 어떤 일이든 상위 10%만 여유 있게 살 수 있다고 말한다. 하지만 자신이 어떤 영역에서 10% 안에 들 가능성이 있는지 잘 따져보지 않는다. 3.7% 안에 드는 직장인이 되는 것과 비교하면 콘텐츠 크리에이터로 억대 연봉자가 될 가능성이 훨씬 크다. 시장은 점점 커지고 있고 노력으로 발전시킬 수 있는 콘텐츠가 성공의 가장 중요한 요소이기 때문이다. 팍팍한 현실에 치여 비관론자가 득세하는 현실이다. 하지만 확률적으로 1등 당첨되기가 거의 불가능하다고 하는 로또 복권에서 매주 열 명 전후로 1등 당첨자가 나오는 것처럼 팍팍한 현실에서도 비관론을 뚫고 성공의 가능성을 향해 달려가는 사람은 항상 있다. 로또가 운이라면 후자는 긍정적인 마음가짐과 노력이라는 점이 차이지만, 중요한 건 로또도 사야 당첨 가능성이 생기듯이 홀로 일하기도 우선 시도를 해봐야 성공할 가능성이 생기는 것이다.

새로운 시대에 어울리는
'나 홀로 일하기'

가장 큰 위험은 위험을 거부하는 것이라고 했다.
급격한 시대 변화 앞에서 '홀로 일하기'는 먼저 시작하느냐,
늦게 시작하느냐의 차이일 뿐 선택이 아닌 필수다.

'지금 중2, 평생 직업 5개 갖고 직장 17곳 옮긴다.'

비영리 교육단체인 호주청년재단(FYA)이 작년 국내 신문사
와의 이메일 인터뷰에서 밝힌 내용이다. 평생직장을 넘어 평생
직업의 시대는 끝나고 로봇과 인공지능 때문에 일자리 시장이
빠른 속도로 변하고 있다고 단체는 주장했다. 평생 직업 5개,
직장 17곳이라는 신문 기사를 보고 과연 그렇게 될까 하는 의

심이 순간 들었지만, 생각해보면 나 역시 영업과 마케팅, 검역 관련 공공업무를 거쳐 현재 작가로 일하고 있으니 세 곳의 직장에서 4가지 종류의 일을 이미 한 셈이다.

비록 우리와 상황이 완전히 같지는 않은 다른 나라에서 나온 주장이기는 하지만 시대가 무서울 정도로 빠르게 변하고 있다는 사실은 인정하지 않을 수 없다. 우리가 매일 사용하는 인터넷 포털 사이트인 네이버는 1999년도에 정식 서비스를 시작했고 스티브 잡스가 최초의 스마트폰인 아이폰1을 발표한 건 2007년도로 이제 막 10년을 넘었다. 지금은 스마트폰 없는 세상을 상상할 수 없지만, 10년 전만 해도 지금과 같은 스마트폰 시대를 예상한 사람은 드물었다. 아직은 몇몇 분야를 제외하고 실감하기 힘든 로봇과 인공지능이 언제 어떤 형식으로 우리의 일자리를 대체할지 정확히 알 수는 없지만, 그 시기가 곧 다가올 거라는 예상 정도는 할 수 있다.

LG 경제연구원 미래 보고서인 『2030 빅뱅 퓨처』에서도 가까운 미래에 직업 세계가 과거보다 훨씬 복잡하고 근본적이며 빠른 변화를 겪게 될 것이라고 예상한다. 몇 가지 특징을 간추려 보자면 4차 산업혁명의 급진전으로 생산과 소비가 더욱 긴

밀하게 연결되고, 혁신의 주기가 점점 짧아질 전망이라고 한다. 기업들은 빠르게 변하는 환경에 적응하기 위해 효율성과 유연성을 발휘할 수 있게 조직 구조와 인력 고용의 형태를 바꿀 수밖에 없다. 예를 들어 특정 업무를 외부 회사에 맡기는 아웃소싱이 늘어나고 정규직보다는 재택근무나 프리랜서의 활용도가 올라갈 수 있다.

미래 보고서에서 언급한 또 한 가지 중요한 변화는 수명의 증가다. 우리나라의 만 100세 이상 인구는 5년 전의 2배에 가까운 3,200여 명이다. 의학의 발전으로 앞으로 80대 이상의 노인은 지금의 60, 70대와 같은 신체 능력을 갖출 수 있다고 기대된다. 문제는 수명은 늘어나고 건강이 좋아져도 직장에서 일할 수 있는 나이는 한정되어 있다는 점이다. 대부분 직장인은 노후 대비 대책 또한 충분하지 않아 안정된 노후를 보장받기도 어려운 상황이다.

직장의 안정성보다 유연성이 중시되는 상황에서 기대 수명까지 늘어나면서 '홀로 일하기'는 먼저 시작하느냐, 늦게 시작하느냐의 차이일 뿐 선택이 아닌 필수가 되었다. 다양한 디지털 플랫폼을 활용하는 창작자와 창업자가 많아지는 추세는 우리가 예상하는 미래가 그리 멀지 않다는 걸 말해준다. 자신의 장점을 살려 먼저 '홀로 일하기'를 준비하고 실천할 수 있다면 노후를 대비하는 정도가 아니라 큰 기회를 얻을 수 있을 것이다.

기술 혁신이 마련해준 발판으로 누구나 1인 콘텐츠 창업이 가능하다.

시대가 빠르게 변하고 있음에도 불구하고 여전히 많은 직장인이 마땅한 대안을 찾지 못하고 있다. 회사가 자신을 끝까지 책임져줄 거라는 믿음은 점점 사라지는 상황에서 직장인이 선택할 방법은 두 가지다. 자신의 능력을 개발해 대체 불가능한 인재가 되거나 아예 직장인에서 벗어나 자기 일을 하는 것이다. 내가 후자를 권유하는 이유는, 앞에서도 언급했지만, 전자의 경우 노력 대비 성과는 크지 않으면서 불확실성은 오히려더 크기 때문이다.

후자 역시 만만하지 않은 도전이다. 애초에 안정적인 직장인의 길을 선택한 사람들에게 창업은 매우 두렵고 어려운 길이다. 퇴사 후 자영업에 퇴직금을 몽땅 투자했지만, 몇 년 만에 폐업하고 깡통 차는 사례를 자주 접한 이들에게 아직 다가오지도 않은 미래 때문에 안정을 버리고 도전을 선택하기는 쉽지 않은 일이다.

오프라인 창업은 어려워지는 상황에서 다행히 1인 콘텐츠 창업과 같은 온라인 창업의 성공 가능성은 커지고 있다. 여기서 말하는 가능성은 실패의 경험에서 비롯한다. 한 번 실패하면 다시 일어서기 어려운 오프라인 창업과는 달리 초기 자본금이 거의 들지 않는 1인 콘텐츠 창업은 실패가 곧 자산이다. 시간은 걸리겠지만, 실패에서 배운 점을 토대로 콘텐츠를 만든다면 수익 모델을 창출할 가능성은 오프라인 창업보다 훨씬 높다.

생산자가 고객에게 직접 콘텐츠를 전달할 수 있는 통로인 인터넷과 디지털 플랫폼의 활성화 역시 온라인 창업이 성공할 수 있는 중요한 요인이다. 과거에는 책을 출판하려면 출판사라는 오프라인 통로를 통해서만 가능했다. 하지만 이제는 디지털 플랫폼에 올린 작가의 글을 독자가 바로 읽을 수 있다. 디지털 플랫폼이 출판사와 서점의 역할을 대신하는 것이다. 다만 두 가지 면에서 큰 차이점이 있다. 출판사는 원고가 100개 들어오면 그중 가능성 있는 몇 개만 추려 출판한다. 가능성을 판단하는 주체가 출판사 직원인 셈이다. 이와는 달리 디지털 플랫폼에는 원고 100개면 100개 모두 독자를 만날 수 있다. 글이 뜨고 말고는 독자의 손에 달려 있다.

2016년에 첫 책을 출판한 미국 출판사 '인키트'가 대표적인 예다. 이들은 지금까지 24권의 책을 출간했고 그중 22권이 베스트셀러가 되었다. 작가의 명성과 편집자의 안목에 의존했던 기존 출판사와 달리 인키트는 편집자의 역할을 없애버렸다. 그리고 그 역할을 독자와 인공지능에 맡겼다. 인키트 플랫폼에는 누구나 자유롭게 글을 올릴 수 있다. 독자들은 글을 평가하고 의견을 남긴다. 인공지능이 독자들의 반응을 분석해 글을 선택하면 인키트는 저자에게 출판 제안을 하는 방식이다. 이렇게 해서 16명의 신예 베스트셀러 작가가 탄생했다.

또 하나의 차이점은 바로 창작자의 수익이다. 출판사가 책한 권을 출판하려면 인쇄비용, 홍보비용, 편집비용 등 인건비를 비롯해 다양한 비용이 든다. 과거에서부터 현재까지 책 한 권이 팔렸을 때 창작자에게 책값의 10% 정도 되는 인세가 돌아가는 이유다. 그렇다면 인쇄가 필요 없는 e북은 어떨까? 내가 속해 있는 판타지 소설 시장의 경우 플랫폼에 따라 차이가 있지만, 보통 작가와 플랫폼의 수익 비율은 7:3에서 5:5 사이다.

중간에 매니지먼트사가 끼어도 일반적으로 창작자에게 돌아가는 수익은 50% 정도다. 10%와 50%. 같은 글을 써도 현재는 진입 장벽이 낮아졌을 뿐만 아니라 더 높은 수익을 올릴 수 있게된 것이다. 영상 콘텐츠의 경우도 마찬가지다. 일반인이 영상을 제작하고 직접 출현하는 모습은 과거에는 상상조차 하지 못한 일이었다. 방송국과 전문 제작 스튜디오를 통하지 않는 한 개인이 방송할 방법은 아예 없었다. 방송에 출연하기 위해서는 유명세나 실력도 중요했지만, 방송사 관계자와의 인간관계를 무시할 수는 없었다. 지금은 다르다. 인터넷 기술의 혁신으로 콘텐츠 크리에이터는 중개 없이 고객을 직접 만날 수 있다.

워라밸이 아니라 워크 라이프 하모니로.

워라밸, 일과 삶 사이의 균형을 의미하는 워크 라이프 밸런스(work life balance)를 줄여 이르는 말로 최근에 많은 사람의 입에 오르내리고 있다. 특히 정부에서 주당 근로시간을 52시간으로 단축하는 법 개정안을 시행하면서 직장인의 삶에도 조금씩 변화의 기미가 보이는 것 같다. 대한민국 직장인의 삶과 일의 균형이 엉망인 현실이 어제오늘의 일은 아니다. 가족들 먹여 살리는 게 가장의 유일한 역할이라 믿었던 아버지 세대는 직장에 대부분 시간을 할애한 나머지 퇴직 후 가족들과 어울리지 못하고 겉돌았다. 자식 세대는 경기 불황과 취업난 속에서 '회사는 전쟁터이지만 회사 밖은 지옥'이라는 믿음으로 어쩔 수 없이 야근을 밥 먹듯이 한다. 취업 포털 사이트인 잡코리아의 설문 조사에 따르면 직장인 10명 중 8명은 피로가 누적되면서 매사에 무기력증을 느끼는 번아웃 증후군을 겪고 있다고 하니 업무 시간이 길어도 생산성이 떨어지는 건 당연한 일이다.

업무 시간은 길고 생산성은 떨어지는 비정상적인 근무 환경에서 주당 근로시간 단축은 유의미한 결과를 만들어낼 수 있다. 업무량이 많은 회사라면 집에까지 업무를 가지고 와야겠지만, 그렇다 해도 의미가 있다. 회사에서 나와 집에서 업무를 보거나 도서관과 같이 누구에게도 방해받지 않는 공간에서 일할 수 있다는 사실만으로도 어떤 사람은 에너지를 충전할 수 있다. 당장은 남는 시간에 어떤 일을 하는가는 크게 중요하지 않다. 문화 강좌를 들어도 되고 취미 생활을 해도 된다. 회사 일을 더 잘하기 위해 영어 공부를 하거나 학원에서 프레젠테이션 수업을 듣는 것도 어쨌든 자신의 선택이다. 무엇을 하든지 간에 쳇바퀴 같은 일상에서 벗어나 자신을 돌아볼 여유가 생긴다면 그게 시작이다.

염두에 둬야 할 점은 워라밸이 최종 목표가 되어서는 안 된다는 것이다. 우리나라의 현실에서 워라밸은 기본적으로 현재의 행복을 위해 성공을 포기하는 길이기 때문이다. 일과 삶을 구분해 일을 돈을 벌기 위한 수단으로만 규정하면 회사에서 승진할 가능성은 낮다. 반면 명예나 돈을 위해서라면 워라밸 따위는 필요 없다고 생각하는 사람도 많다. 현실적으로 회사에서 승진하는 사람은 이런 사람들이다.

그렇다면 워라밸도 누리면서 성공할 방법은 없는 걸까?

112조 달러의 재산으로 2018년 현재 세계 부자 순위 1위에 오른 아마존의 창업자 제프 베조스는 워라밸이 아니라 워크 라이프 하모니(work life harmony)를 추구해야 한다고 말한다. 그가 워라밸을 지지하지 않는 이유는 일과 삶의 균형을 맞추려고 노력한다는 것은 이 두 가지 중 한쪽을 추구하는 경우 다른 쪽을 희생해야 하는 거래 관계를 전제로 하기 때문이다. 제프 베조스는 일과 삶은 상호 보완적인 관계이며 저울 위에 올려놓고 견

주는 게 아니라 조화를 이루어야 한다고 말한다. 가정에서 행복해야 즐겁게 일할 수 있고 일이 즐거워야 가정으로 건강한 에너지를 가지고 돌아올 수 있다는 것이다.

일이 즐거워지려면 노력한 만큼 수익을 주는 것, 즉 생존의 욕구를 넘어서 다른 욕구도 충족시켜줘야 한다. 예를 들어, 나에게 판타지 소설은 수익을 가져다주는 동시에 유료 연재 순위를 통해 성취감도 준다. '재밌다', '다음 편이 보고 싶다' 같은 독자들의 댓글을 통해 글을 인정받을 때 힘의 욕구가 충족되기도 한다. 그뿐만이 아니라 소설을 통해 나만의 세계를 창조하는 일은 힘들기는 해도 즐거움을 주는 작업이다. 답답한 현실과 달리 소설에서만큼은 내가 신이 되어서 주인공을 통해 악당을 응징할 수 있다. 새로운 세계를 창조할 수도 있다. 마지막으로 내가 죽더라도 소설은 남는다는 사실만큼이나 자아실현을 증명할 수 있는 길은 없다고 생각한다. 자기 일에서 이 정도로 욕구를 충족할 수 있다면 일과 삶을 구분하는 일은 무의미하다. 삶 또한 특정 욕구를 충족시키기 위한 일련의 행위로 이루어져 있기 때문이다.

제프 베조스는 회의에는 거의 참석하지 않고 잠들기 전 알

람시계를 맞춰놓지 않는다. 하지만 매일 집에서 설거지할 시간은 어떻게든 확보한다고 말하는 그의 인터뷰를 보면 아마 이런 생각이 들 것이다.

'회사 사장이니까 가능한 일이지. 누구는 그렇게 살고 싶지 않아서 이러고 사나.'

맞다. 그렇다면 사장이 되면 된다. 홀로 일하기는 내가 사장이 되어 시간을 원하는 방식으로 통제할 수 있다. 만약 집이 일터라면 일과 삶의 구분은 거의 사라진다. 집중해서 일할 시간만 확보한다면 홀로 일하기를 통해 일과 삶의 조화를 충분히 누릴 수 있다. 언제 잘릴지 모르는 두려움도 없고, 은퇴 따위는 존재하지 않는다. 홀로 일하기를 통해 내가 사장이 되면 일하고 싶을 때까지 일할 수 있다. 일만큼이나 개인의 삶이 중요하게 여겨지는 시대에 홀로 일하기는 워라밸을 넘어서 워크 라이프 하모니를 영유할 수 있는 최고의 방법이 될 것이다.

직장의 안정성보다 유연성이 중시되는 상황에
서 기대 수명까지 늘어나면서 '홀로 일하기'는
먼저 시작하느냐, 늦게 시작하느냐의 차이일 뿐
선택이 아닌 필수다.

혼자가 편한
당신에게 적합하다

예민함이 아니고 섬세함, 소심함이 아니고 신중함이다.
우리의 성향이 장점으로 작용하는 환경에서
일하는 것이 중요하다.

사회가 점점 개인화되면서 인간관계가 얕아진 이유도 있겠지만, 주변에 친구가 많다고 해도 혼자를 선택하는 사람이 많아졌다. 타인을 신경 쓰지 않고 온전히 즐길 수 있기 때문이다. 홀로 일하기도 마찬가지다. 유튜브를 통해 큰돈을 번 1인 콘텐츠 크리에이터들은 주목을 받으며 공중파까지 출연하고 있다. 나 홀로 문화는 한때의 유행으로 끝날 트렌드가 아니다. 시간이 지나면 1인 창업에 대한 시선은 더 부드러워질 것이다. 동시에 1인 창업에 유용한 플랫폼도 많아질 것이다. 그러나 모든 사람이 홀로 일하기에 적합한 것은 아니다. 아래와 같은 성향을 가지고 있다면 적극적으로 홀로 일하기를 고려해볼 만하다.

1. 혼자 있는 시간이 편하다면

서울대학교 배철현 교수는 '자발적 고독'을 자처한다. 경기도 가평군 호숫가에 살면서 일주일에 3~4일간 두문불출하며 혼자만의 시간을 갖는다. 아침에 일어나 가장 먼저 하는 일은 골방 한가운데 반가좌를 틀고 앉아 그날 할 일을 깊이 생각하는 것이다. 혼자 있는 시간은 그에게 놀라운 생산성을 안겨다줬다. 최근 그는 500쪽에 육박하는 두툼한 책 두 권을 동시에 냈다. 배 교수는 혼자만의 시간을 강조하는 이유를 이렇게 말했다.

"계기가 있었다. 나는 원래 사람 만나는 걸 좋아한다. 인문학 확산에 관심이 많아 2007년엔 서울대에 최고지도자 인문학 과정을 개설했고 국회에도 인문학 모임을 만들었다. 하지만 사람을 만나고 다니다 보니 공부할 시간이 없었다. 이렇게 살아서는 안 되겠다는 깨달음이 왔다. '왜 사는가' 하는 본질적인 고민을 했다. 두 가지 답을 찾았다. 한국 사회를 위해 공헌하는 것과 스스로 나 자신이 되는 것. 2011년부터 다르게 살기로 했다. 그러기 위해서는 혼자만의 시간이 필요했다."

그는 실천을 위해 술을 끊고 사람을 안 만났다. 일상에서는 어렵다고 판단해 제주도 서귀포에 내려가 6개월을 처박혀 지낸 적도 있다고 했다. 혼자 있는 시간에 조용히 집중할 수 있으며 몸과 마음이 편한 상태에서 최상의 성과를 낼 수 있기 때문에 그토록 혼자 있는 시간을 만들려고 애쓴 것이다.

2. 한 번에 여러 가지 일을 잘 못한다면

'Only Connect Consulting'의 대표인 데보라 잭은 저서 『싱글태스킹』에서 멀티태스킹이 아닌 한 번에 한 가지 일에만 집중하는 싱글태스킹을 해야 한다고 말한다. 멀티태스킹은 실제로는 여러 가지 일을 이것저것 옮겨 다니며 하는 태스크스위칭일 뿐이라고 일축한다. 멀티태스킹을 통해 과부하가 걸리면 뇌에서 스트레스 호르몬인 코티솔을 분비시켜 정보처리 능력을 약화시킨다고 한다. 데보라 잭은 싱글태스킹을 하려면 스스로 선택하고 스스로 몰입해야 한다고 했다.

현실적으로 뭔가를 스스로 선택하기 어려운 회사와 달리 홀로 일하기는 한 번에 한 가지 일에 몰입하며 이 순간을 충실히 하는 싱글태스킹을 위한 최적의 업무 방식이다. 마케팅부서에서 근무할 때 난 단 하루도 한 가지 일만 한 적이 없었다. 내가 맡은 일과 연관된 부서만 해도 영업팀, 도매팀, 홍보팀, 의학팀 등이 있었고 외주 업체도 여러 곳이었다. 회의가 끊이지 않았고 회의에서 나온 결론에 따라 일을 진행하려고 하면 또 다른 회의가 잡혔다. 모든 일을 데드라인 직전에 가서야 해결할 수 있었고 당연히 결과물은 그다지 만족스럽지 않았다. 회사에서 해야 할 일은 업무뿐만이 아니다. 바쁜 와중에 인간관계도 잘해야 한다. 업무만 해도 허덕이는 와중에 인간관계까지 챙길 여력은 나에게 없었다.

하루는 24시간으로 한정되어 있다. 한정된 시간 속에서 최상의 결과를 내기 위해서 가장 중요한 것은 선택과 집중이다.

3. 남의 인정이나 편견에 잘 흔들리지 않는다면

외적인 성공(직위, 명예 등)과 주목받는 것을 좋아하는 사람들이 있다. 이들은 다수가 옳다고 말하는 방향과 사회에서 일반적으로 성공이라고 생각하는 방식에 따르려 한다. 그런 면에서 의사나 변호사 같은 전문직이 아닌 한 '홀로 일하기'를 하나의 성공 방식으로 받아들이기를 힘들어한다. 홀로 일하기는 인간관계가 무엇보다 중요하다는 사회 통념과는 궤를 달리한다. 대기업처럼 수많은 사람이 일하고 이름만 대면 모두가 고개를 끄덕이는 커다란 규모의 사업장과는 비교할 수 없을 정도로 작다. 보이는 것을 중요하게 생각하는 사람에게 작다는 것은 초라하다는 것과 같은 의미다.

반면 남들이 다 하는 일을 하지 않는다고 해서 자신의 가치가 떨어진다고 생각하지 않는 유형의 사람들도 있다. 남들이 평가하는 자신보다 자신에 대해 스스로 내리는 평가가 더 중요한 것이다.

애견인구 천만 명 시대에 수의사는 한창 뜨고 있는 직업이다. 우리나라에서는 의사와 비교하면 아직 대우를 받지 못하는 편이지만, 미국이나 일본 같은 경우에는 수의대가 의대보다 입학하기가 어렵거나 비슷한 정도다. 그만큼 선진국일수록 수의사에 대한 수요는 많고 그만큼 수입도 많다. 그런 이유로 어렵게 공부해 취득한 수의사 면허가 아깝지 않느냐는 질문을 나를 보는 이들마다 했다. 그들이 보기에는 안정적이고 사회적으로 인정받는 직업인 수의사를 그만두고 소설가를 선택한 내가 이해가 안 될 수도 있다. 하지만 사회적 인정을 떠나서 수의사는 적성과 안 맞는 일이다. 비록 대학교를 졸업하는 데 10년이라는 시간이 걸렸지만, 전혀 아깝지 않다. 그보다 적성에 맞는 소설가로 살 수 있어서 다행으로 생각할 뿐이다. 나처럼 타인의 인정이나 사회적 시선보다 스스로에 대한 평가를 중요하게 생각하는 사람은 남들에게 잘 보이려고 애쓰지 않는다. 사회적인 분위기나 기대와 상관없이 자신이 옳다고 생각하는 대로 행동하는 편이다. 사회적인 기대와 다른 방식이면 일단 선을 긋는 사람과 달리 홀로 일하기를 충분히 받아들이고 남들이 뭐라고 하든 잘 해낼 수 있다.

PART 3

누구에게나
콘텐츠는 있다

실패는 하나의 옵션이다. 만약 무언가 실패하고 있지 않다면,
충분히 혁신하고 있지 않은 것이다.
-일론 머스크, 테슬라모터스 CEO

1인 콘텐츠
창업 시대

1인 콘텐츠 창업은 아직 많은 사람이 간 길은 아니다.
포장도로도 아니고 표지판도 몇 개 없어서 가는 길이 힘들고
두려울 수 있다. 하지만 기회는 남들이 가지 않는 길에 있다.

창업에 대한 사람들의 인식은 그리 좋지 않다. 청년 창업률이
낮은 것만 봐도 알 수 있다. IMF를 겪은 트라우마에서 비롯된
'안정'이 최고라는 부모 세대의 영향, 실패하면 재기하기 힘든
사회적 환경, 미국처럼 성취 지향적인 사람보다는 안정 지향적
인 사람이 많은 나라의 특성이 맞물려 창업은 취직이 안 되면
어쩔 수 없이 선택하는 정도로 인식한다. 이거다 싶으면 적극

적으로 도전하는 사람과 달리 신중하고 소심한 사람이라면 더욱 창업에 부정적일 수밖에 없다. 그럼에도 불구하고 난 창업을 선택했다. 나로 서기를 위한 최고의 방법이 1인 콘텐츠 창업이기 때문이다.

창업에 대한 거부감만큼이나 혼자서 일하는 것에 대한 인식도 그다지 좋지 않다. 혼자서 일한다고 하면 사람들은 으레 작은 규모의 가게를 떠올린다. 나를 대변할 수 있는 명함도 없어서 직급에 익숙한 사람이라면 자신을 소개하기도 어렵다. 같이 일하는 동료가 없다면 외톨이처럼 보이고 사회나 주변으로부터 인정받기도 어려운 느낌이다. 더 막막한 건 일을 직접 찾아서 처음부터 끝까지 책임져야 한다는 사실이다. 시키는 일만 해본 사람에게는 시작부터 난관이다. 궁금해도 물어볼 사람이 딱히 없다. 지금 하는 일 또는 방식이 옳은 길인지 말해줄 사람도 없다. 더더욱 거부감이 드는가? 어쩔 수 없다. 거부감이 드는 이유에 모든 해답이 들어 있다.

1인 창업의 핵심 가치는 누구에게도 의존하지 않는 데 있다.

'의존'의 사전적 정의를 보면 다른 것에 기대어 생활하거나 존재한다는 것을 뜻한다. 아기일 때부터 대학생까지 우리는 부모에게 의존해서 살아왔다. 졸업하고 취직을 하면 의존의 대상은 부모에서 회사로 바뀐다. 그래야만 존재할 수 있기 때문이다. 의존은 대상으로부터 지시를 받아서 행동한다는 것을 의미한다. 당연히 선택이 자유롭지 못하고 행동은 제한된다. 문제는 의존에 길들여지면 선택하는 능력은 퇴화하고 더 나아가서는 선택할 수 있다는 사실을 아예 잊어버리게 된다는 점이다. 문제가 생기면 부모에게 해결을 구하는 아이처럼 성인이 되어서도 혼자 문제를 해결하지 못한다. 결국, 누군가에게 의존하는 악순환이 반복된다.

악순환의 고리를 끊기 위한 연습이 혼자 일하기, 즉 1인 창업이다. 창업이라고 해서 구청에 신고할 필요는 없다. 회사에 다니면서도 얼마든지 자신을 향해 창업을 선언할 수 있다. 일단 회사 일과 별개로 자신이 원하는 일을 해보자. 수익 가능성이 있으면 좋지만, 필수 조건은 아니다. 혼자서 일하는 방식을 몸에 익히면 시장을 탐색하고 수익 가능성 있는 아이템을 고르면 된다.

우리 모두 언젠가는 혼자가 된다. 안타깝게도 끝까지 자식을 포기하지 않는 부모와 달리 회사는 당신을 책임지지 않는다. 개인의 삶이 흔들려도 회사는 관심이 없다. 회사 사정에 따라 냉정하게 관계를 끊을 수도 있다. 이런 경우 1인 창업을 할 준비가 되어 있다면 쿨하게 악수하고 회사를 떠날 수 있다.

일반적으로 회사에서는 능동적인 삶을 살기 어렵다.

회사가 지향하는 목표가 자신의 꿈과 겹치지 않을 때가 많다. 하지만 1인 창업을 선택한다면 누가 시켜서 하는 게 아니라 내가 원해서 선택한 일을 할 수 있다. 삶이 능동적으로 바뀌는 동시에 노력으로 이룬 결과는 고스란히 자신에게 돌아온다. 더는 다른 사람의 꿈을 이뤄주는 조연이 아닌 내 꿈을 향해 달려가는 삶의 주인공이 될 수 있다.

세상에는 수많은 주인공이 있다. 전기차 시장을 개척하고 저가형 우주여행과 화성 식민지 사업을 꿈꾸는 테슬라의 일론 머스크, 값비싼 항체의약품의 바이오시밀러를 세계 최초로 개발해서 저렴한 가격으로 구입해 치료받을 수 있도록 노력하는 셀트리온의 서정진 회장, 시각장애인을 위한 점자 스마트워치를 개발한 닷의 김주윤 대표 등등. 자신의 꿈을 이루기 위해 열심히 일하는 이들은 자기 삶의 주인공이다. 노력의 결과가 자신의 목표와 직접 연결된다. 회사를 창업하지 않는다고 해도 삶의 목표가 있고 그것을 위해 일하는 사람 역시 주인공이라 할 수 있다.

우리는 어떤 일을 하든 각자가 자기 삶의 주인공이라고 말한다. 만약 당신을 주인공으로 하는 소설이 있다고 하자. 당신이라면 그 소설을 사보겠는가? 우리는 애플 제품과 아이폰을 보면 스티브 잡스를 떠올린다. 애플이 걸어온 길과 그 결과물인 아이폰이 스티브 잡스의 신념과 가치를 담고 있기 때문이다. 하지만 그렇다고 그가 혼자서 아이폰을 만든 건 아니다. 개발자, 디자이너, 기술자를 비롯한 수많은 애플 직원이 열심히 노력해서 만든 결과물이다. 아이폰처럼 세상을 바꿀 수 있는 제품을 개발하는 데 힘을 보태고 싶다면 주인공이 될 수 있다. 사회단체에 속해서 인류의 발전이나 환경 등을 위해 목적을 가지고 능동적으로 일하는 사람도 마찬가지다. 하지만 단지 생존을 위해서 다른 사람의 꿈을 이뤄가는 일에 부품이 되고 있다면 당신은 소설의 주인공이 될 수 없다.

사람은 환경과 타인에게 쉽게 영향을 받는다.

자신에 대한 타인의 평가는 무의식에 고스란히 남아 의사 결정과 자기 판단에 영향을 끼친다. 회사에서 다양한 사람들과 일하면 내 능력이나 성향과는 상관없는 꼬리표가 따라붙는다. 당신이 회사에서 선호하지 않는 내향적인 직장인이라면 아마 수많은 부정적인 꼬리표가 이미 달려 있을 것이다. 당신이 신중하고 꼼꼼한 성격이라고 하자. 일 처리는 조금 느리지만, 퀄리티 있는 결과물을 만들어내는 능력이 당신에게 있다. 하지만 상사가 빠른 일 처리를 선호한다면 당신은 빨리 일하는 직원과 비교당할 것이다. 그런 일이 반복되면 어느새 무능력한 직원이라는 꼬리표가 달린다. 당신은 그저 일하는 스타일이 다를 뿐인데 꼬리표는 쉽게 떨어지지 않는다. 아니라고 항변하고 싶지만, 주변의 시선과 상사의 짜증에 주눅 든 당신은 어느 순간 생각한다.

'내가 정말 무능력한 건 아닐까?'

1인 창업을 통한 홀로 일하기는 타인이 함부로 판단해서 붙여놓은 꼬리표를 단번에 떼어버릴 수 있다. 1인 창업에서 자신의 가치를 판단할 수 있는 사람은 오직 자신뿐이다. 그렇게 되면 부정적인 감정에 노출되지 않고 약점을 보완하기 위해 쏠려 있던 에너지를 장점을 살리는 데 온전히 사용할 수 있다.

왜 콘텐츠 창업인가?

과거에는 창업이라고 하면 치킨집, PC방, 커피숍 등을 떠올렸다. 조금 더 나아가 기술이나 아이디어가 있다면 벤처나 스타트업을 생각했다. 이와 같은 오프라인 창업의 특징은 쉽게 시작할 수 있는 데 반해 일정 규모 이상의 자본금과 인력이 필요하다. 무엇보다 한 번 실패하면 재기하기 어렵다는 단점도 있다. 소수의 성공 케이스와는 비교할 수 없을 정도로 많은 창업자가 실패의 길을 걷는다.

'아마존화(to be Amozoned)'라는 신조어가 있다. 미국의 거대 유통 기업인 아마존이 특정 산업에 진출해 타격을 입혔을 때 사용하는 말이다. 최근 70년 역사를 자랑하는 세계 최대 장난감 유통 회사인 토이저러스가 아마존화에 파산했다. 미국의 유명 백화점 체인인 시어스는 5년 전 2,000개를 넘었던 매장이 1,200개 이하로 급감했다. 오프라인 유통업체인 이들은 온라인과 모바일 시장의 빠른 변화에 적응하지 못하고 쇠퇴의 길을 걷고 있다.

내가 콘텐츠 창업을 결정한 첫 번째 이유가 바로 여기에 있다. 성향과 욕구에 맞는 일만큼이나 중요한 것이 수익 가능성이다. 시대의 흐름 속에서 실패할 가능성이 점점 커지는 오프라인 창업과는 반대로 인터넷을 기반으로 하는 콘텐츠 창업은 다양한 플랫폼이 활성화되면서 성공 가능성이 커지고 있다.

단순히 먹고사는 걸 넘어서 콘텐츠 창업은 온라인이라는 특성 덕분에 큰 성공을 이룰 수 있다. 당신이 만약 어느 장소에 가게를 차렸다고 하자. 다행히 물건이 잘 팔려 가게가 잘된다고 가정해도 한계는 명확하다. 아마도 주요 고객은 그 지역에서 일하는 사람들과 주민들일 것이다. 매장의 제한된 크기와 잠재 고객과의 물리적 거리로 인해 매출에 한계가 있을 수밖에 없다. 그에 반해 온라인에서는 거리나 장소의 제한이 없다. 특히 판매하는 상품이 무형의 콘텐츠라면 공급을 걱정할 필요가 없다. 『돈과 인생의 비밀』에서 저자인 혼다 켄은 우리가 제공한 서비스의 양과 질의 크기가 우리가 받는 보수의 크기와 같다고 했다. 제한이 없는 시장에서 콘텐츠만 훌륭하면 수입은 상상 이상으로 커질 수 있다.

무엇보다 좋은 점은 콘텐츠 외의 일에는 크게 신경 쓸 필요가 없다는 점이다. 굳이 직원이 필요 없기 때문에 인간관계에 크게 신경 쓸 필요도 없고 리더십도 필요 없다. 궁금한 게 있으면 인터넷을 통해 충분한 정보를 얻을 수 있다. 『나는 직원 없이도 10억 번다』의 저자 일레인 포펠트는 1인 기업을 성장시키는 동력을 인터넷이라고 했다. 위에서 말한 것처럼 인터넷을 통해 정보를 구하는 것은 물론 디지털 홍보도 가능하다. 다양한 인터넷 플랫폼을 통해 콘텐츠를 독자에게 효율적으로 전달할 수도 있다. 정 인력이 필요하면 역시 인터넷을 통해 아웃소싱을 하면 된다. 작가 생활을 하면서 나 역시 콘텐츠인 글쓰기에 대부분 에너지를 집중하는 편이다. 홍보와 배포 서비스는 작가 매니지먼트사에서 해주기 때문에 크게 신경 쓸 일이 없다.

많은 사람이 선입견으로 창업이라는 모험을 꺼리지만, 콘텐츠 창업에는 자본금이 거의 필요 없을뿐더러 실패해도 손해 볼 게 없다. 당장 회사를 그만둘 필요도 없다. 필요한 건 시간과 의지뿐이다. 1인 콘텐츠 창업을 통한 나로 서기에 도전하지 않을 이유를 찾기가 어려울 정도다.

'용기'까지는
필요 없다

물속으로 풍덩 뛰어드는 것과 발목부터 천천히
몸을 담그는 것의 결과는 같다. 회사를 다니면서도
변화를 준비할 수 있다. 용기까지는 필요 없다.

엔지니어 출신 만돌린 연주자 김병규씨는 대기업 엔지니어였
던 39세에 회사를 그만두고, 40세에 이름도 생소한 만돌린이란
악기에 본격적으로 도전했다. 이전부터 40세 전까지만 회사 생
활을 하고 그 뒤엔 만돌린으로 제2의 인생을 살고 싶었던 그는
회사를 그만둔 뒤, 이탈리아 음대의 세계적 만돌린 권위자에게
편지를 써서 입학 허가를 받았다. 엄청난 학구열로 7년 코스를

4년 만에 졸업한 김병규씨는 국내 첫 만돌린 전공자가 되어 제2의 인생을 살고 있다.

서울대 치대를 졸업하고 치과의사로 일하던 이승건 대표도 안정적인 직업을 과감하게 그만두고 창업에 도전한 사람이다. 삼성의료원에서 전공의로 근무한 후 군 생활을 하던 3년 동안 원하는 삶에 대해서 고민한 그는 치과의사가 아닌 다른 길을 선택했다. 중소기업청 청년창업사관학교를 졸업하고 비바리퍼블리카를 설립한 이승건 대표는 송금앱인 '토스'를 출시해 모바일 간편 송금의 길을 열었다.

회사를 그만두고 좋아하는 일을 하려면 큰 용기가 필요하다고들 말한다. 실제로 가끔 뉴스를 통해 접할 수 있는 성공담을 보면 그 말이 맞는 것 같기도 하다. 대부분 사람은 사례가 된 두 사람의 스토리를 보면서 용기가 대단하다고 생각할 것이다. 하고 싶은 일을 위해 과감하게 회사를 그만두고 성공한 그들을 향해 박수를 보내는 건 자연스러운 반응이다. 하지만 내가 기사를 읽고 느낀 감정은 조금 달랐다. 두 사람 모두 용기를 내어 자신의 길을 개척한 훌륭한 분들인 건 확실하다. 성공 스토리 또한 기사화될 정도로 드라마틱하다.

그런데 난 두 사람의 성공담이 오히려 사람들의 의지를 꺾을 수도 있겠다는 생각을 했다. 한 사람은 대부분 취준생이 꿈에서라도 들어가고 싶은 대기업을 관두었다. 다른 사람은 전공의 과정까지 마친 치과의사를 그만뒀으니 사회의 상식에 비추어보면 이 둘은 보통 사람은 아니다. 기사로까지 나온 이러한 사례들을 접하면 보통 사람인 우리는 용기를 얻기보다는 나와는 상관없는 이야기로 치부해버린다. '와, 이런 사람도 있구나. 대단하네' 하며 저들은 보통 사람이 아니라서 '큰 용기'가 있다고 생각하는 동시에 나와는 선을 그어버린다.

찾아보면 큰 용기를 내지 않고도 자신의 길을 개척한 사람을 종종 발견할 수 있다.

이들은 배수진을 치고 회사를 그만두거나 학교를 자퇴하는 용자와 달리 행동한다. 실패를 대비해 월급이라는 안전장치를 달고 사업을 시작한다. 온라인 경매 사이트 이베이의 창업자인 피에르 오미디야르도 그중 한 명이다. 프로그래머로 회사에 다니던 그는 여자 친구의 부탁을 받고 캔디 상자를 구하는 인터넷 광고를 올린다. 광고를 보고 수십 명의 사람에게 연락을 받은 그는 온라인 경매 사업에 대한 아이디어를 떠올리고 개인 경매 사이트를 개설한다. 우리가 아는 일반적인 성공담이라면 가능성을 발견한 오미디야르가 바로 회사를 그만두고 경매 사이트에 올인해 성공하는 모습일 것이다. 하지만 그는 그러지 않았다. 인터넷 경매 서비스를 통해 수익이 생기고 사업에 대한 확신이 생겼지만 피에르 오미디야르는 이베이를 통한 수입이 월급보다 많아진 후에야 퇴사를 결심했다.

배달의민족을 만든 우아한형제들 김봉진 대표의 성공담도 용기와는 거리가 멀다. 그는 대학교를 졸업하고 웹디자이너로 일하다가 가구 회사를 창업했는데, 1년 만에 망하고 말았다. 2억 원의 빚을 진 김봉진 대표는 다시 웹디자이너로 네이버에 취직해 월급으로 빚을 조금씩 갚아나갔다. 하지만 현실에 안주하지 않고 친형과 함께 '토이 프로젝트'를 진행했다. 토이 프로젝트는 노력과 자금을 많이 들이지 않고 단순 아이디어에서 비즈니스 기회를 찾는 것으로 성공해도 그만, 실패해도 그만인 일에 가까웠다. 배달의민족도 토이 프로젝트의 하나였는데 구글앱스토어에서 다운로드 1위를 차지하고 투자자들이 생기면서 그는 회사에서 나올 수밖에 없게 되었다.

당장 회사를 그만둘 필요는 없다.

나 역시 마찬가지다. 사람들은 지금의 모습만 보고 용기 있게 회사를 그만뒀다고 이야기하지만, 사실 나에게 용기 따위는 없었다. 오히려 두려움이 컸다. 7년 넘게 직장 생활을 한 나에게 월급은 마약과 같았다. 당장 월급이 끊긴다면 생활수준은 대학교 때 살았던 보증금 500만 원에 월세 30만 원짜리 원룸으로 퇴보할 수밖에 없었다. 30대 중반임에도 결혼은 꿈도 꿀 수 없었다. 월급이 막상 끊긴다고 생각하니 아무리 평생 하고 싶은 일을 찾았다고 해도 회사를 그만둘 엄두가 나지 않았다.

만돌린 연주자 김병규 씨는 인터뷰에서 대기업을 그만뒀을 때 아내가 "그토록 하고 싶어 하던 만돌린을 제대로 배워보라"며 힘을 실어줬다고 말했다. 김병규 씨의 아내 같은 분이 현실에서 몇 명이나 될까? 헤어지자고 안 하면 다행이다. '하고 싶은 일에 미쳐라, 우리의 미래가 바뀐다'는 기사 제목의 주인공인 이승건 대표가 치과의사를 그만둔다고 했을 때 부모님의 반응은 어땠을까? 보통의 부모라면 '내가 널 어떻게 공부시켜서 치과의사를 만들었는데!'라며 몸져누우실 가능성이 크다. 몸져누운 부모를 이길 자식은 많지 않다.

화끈하게 시작해놓고 보는 사람들과 달리 소심하고 내향적인 사람은 신중한 편이다. 가능성이 보여도 확신이 서기 전까지는 일을 급하게 벌이지 않는다. 나는 좀스러워도 회사에 계속 몸을 비비기로 했다. 월급에 의존하면서 어떻게든 시간을 확보해 내가 하고 싶은 일을 이어갔다. 회사 일보다 소설 쓰기에 더 집중하다 보니 회사 내에서 좋은 평가를 받지는 못했다. 그렇게 용기는 내지 못했지만, 계속 플랫폼에 소설을 연재했다. 그러다 보니 어느 순간 월급보다는 적더라도 소설로 먹고살 수는 있겠다는 확신이 들었다. 난 그제야 사직서를 내고 전업 작가의 길로 나아갈 수 있었다.

난 기사에 실린 두 사람보다 나와 비슷한 케이스가 훨씬 많을 것이라고 생각한다. 무슨 상관인가. 남들이 보기에 드라마틱한 과정이 아니더라도, 기사에 실릴 정도가 아니더라도, 결과가 성공적이면 그걸로 된 것 아닐까. 오히려 준비 동작 없이 차가운 물속으로 들어가면 탈이 날 가능성이 큰 것처럼 들어가기전에 땅에 서서 찬물을 몸에 묻히는 게 현실적인 방법이다.

그렇다면 언제까지 회사에 몸을 기댄 채 물을 묻혀야 할까? 용기가 필요 없을 때까지 하면 된다. 혹은 작은 용기만 가지고도 물속으로 뛰어들 수 있을 정도로 준비가 되어 있으면 된다. 그렇게 준비만 하다가 영원히 뛰어들지 못하는 사람도 물론 있다. 현실은 그런 거니까. 하지만 관성에 이끌려 살면서 시도조차 하지 않는 사람이 수두룩한 것 또한 현실이다. 물속에 첨벙 들어가지 못했다 해도 변화를 시도한 자신을 탓할 필요는 없다. 변하고자 하는 의지가 있다면 기회는 또 온다. 다시 한 번 말하지만 삶을 바꾸는 데 큰 용기까지는 필요 없다. 오래 걸리더라도 포기하지만 말자. 언젠가 시원한 물속에서 물놀이하는 당신의 모습을 발견하게 될 것이다.

회사 다니면서 시작한
사이드 프로젝트

남이 시키는 일만 한다면 평생 내가 원하는 일은 할 수 없다.
내가 원하는 일은 아무도 시키지 않기 때문이다.

대박 날 것 같은 콘텐츠를 발견했다고 해서 바로 회사를 그만
두고 창업에 뛰어드는 건 우리 같은 소심한 사람이 선호하는
방식이 아니다. 앞에서 말한 것처럼 회사를 그만둘 용기까지는
필요 없다. 월급은 계속 받으면서 안정감을 바탕으로 콘텐츠를
조금씩 발전시켜 나가면 된다.

본업을 유지하면서 좋아서 혹은 하고 싶어서 본업 외에 따

로 일거리를 만드는 방식을 사이드 프로젝트(side project)라고 한다. 사이드 프로젝트는 단순히 즐기는 것이 아니라 명확한 목표가 있어야 한다는 점에서 취미와 다르다. 돈을 벌 수도 있지만, 벌지 못할 수도 있기 때문에 수입이 유일한 목적인 부업과도 다른 개념이다.

나는 회사에 다니면서 사이드 프로젝트로 소설 쓰기를 시작했다. 직장인 5년 차에 처음으로 판타지 소설을 써서 플랫폼에 올렸을 때, 목표는 두 가지였다. 첫 번째는 소설을 완결 짓는 것. 두 번째는 출판사 또는 작가 매니지먼트사에서 쪽지를 받는 것이었다. 출판사에서 쪽지를 받는다는 의미는 내가 쓴 소설을 유료 연재로 전환할 가능성이 있음을 말했다. 글로 돈을 벌 수 있게 되는 것이다. 희망찬 목표와 달리 확신은 없었다. 난생처음 쓰는 소설이다 보니 유료 연재는커녕 완결마저도 장담할 수 없었다. 하지만 소설을 쓴다는 행위 자체에서 오는 특별한 느낌과 오랜 시간 판타지 소설의 독자로서 스토리를 내 마음대로 창조할 수 있다는 묘한 쾌감에 퇴근하고 집에 돌아오면 피곤해도 책상에 앉아 노트에 글을 써 내려갔다.

어린 날의 트라우마 때문에 사람에게 마음의 문을 잘 열지는 않지만, 동물과는 특별한 친화력을 가진 주인공이 이세계(지구와 다른 세계)로 차원 이동을 하면서 벌어지는 이야기를 담은 첫 소설『환수사』는 결과적으로 절반의 목표만 이룰 수 있었다. 완결은 지었지만 쪽지는 받지 못한 채 끝났다. 111화로 완결한 소설의 연재 기간은 10개월로 따져보면 평균 3일에 한 화의 글을 썼다. 회사 생활과 겸업하면서 꾸준히 집필하는 것은 쉽지 않았다. 누구는 같은 글자 수로 100만 원을 버는데 난 단돈 백 원도 벌지 못했다. 그렇다고 유료 연재라는 목표를 이루지 못해서 거의 1년의 세월을 낭비했다고 생각하지는 않았다. 내가 얻은 건 돈으로 따질 수 없을 정도로 컸다. 이 부분이 사이드 프로젝트와 부업의 다른 점이다.

잘 썼건 잘 못 썼건 간에 한 편의 소설을 완결 지었다는 사실은 목표를 이뤘다는 뿌듯함과 함께 자신감을 줬다. '왜 내 소설은 독자가 많이 보지 않을까?', '어떻게 하면 독자의 관심을 끌 수 있을까?' 유료 연재가 안 되었기 때문에 소설을 쓰는 도중에 잘 나가는 유료 소설과의 차이점을 계속해서 확인하고 정리했다. 내가 쓰고 싶은 스토리가 독자가 읽고 싶어 하는 소설과 일치하지 않을 수 있다는 사실도 깨달았다. 독자가 읽고 싶은 글을 써야겠다는 생각을 하게 된 계기였다. 내가 글쓰기를 좋아한다는 사실을 알 게 된 것은 무엇보다 소중한 깨달음이었다. 나의 첫 번째 사이드 프로젝트는 모든 목표를 달성하지는 못했지만, 1년의 준비 끝에 두 번째 소설 쓰기 프로젝트로 이어졌고 실패에서 배운 덕분에 유료 연재로 전환될 수 있었다.

사이드 프로젝트에서 메인 프로젝트가 되다.

두 번의 사이드 프로젝트를 마무리한 후 회사를 그만두고 전업 작가로 나섰다. 하지만 사실 사이드 프로젝트라는 용어를 알게 된 건 그 뒤였다. 유튜브에서 활동하는 '책그림'은 다양한 종류의 책을 화이트보드 애니메이션을 통해 소개하는 콘텐츠 크리에이터다. 책그림 영상의 장점은 책의 핵심적인 내용을 자신의 경험과 통찰력을 섞어 잘 정리된 멘트로 보기 쉽게 전달해준다는 것이다. 또 어떤 책을 봐야 할지 고민하는 사람과 바쁜 일상 때문에 책을 읽지 못하는 사람에게도 도움이 된다. 내가 사이드 프로젝트라는 단어를 처음 들은 것도 책그림의 영상을 통해서다.

책그림 역시 사이드 프로젝트를 통해 직장인에서 콘텐츠 크리에이터가 된 경우다. 직장 일에 회의를 느낀 그는 퇴근 후나 주말에 시간을 내서 할 수 있는 일을 찾았다. 그는 하고 싶은 것, 잘할 수 있는 것, 남들이 하지 않는 것, 다른 사람들이 좋아하는 것이 무엇일까 고민했다. 고민 끝에 정리한 그의 사이드 프로젝트는 '책의 좋은 내용을 영상으로 전달하기'였다. 콘텐츠를 정한 그는 시간을 내서 영상 기술을 배웠다. 꾸준히 콘텐츠를 올리자 알아봐주는 사람들이 점차 늘어나기 시작했다. 영상에서 그가 언급했듯이 초반과 비교하면 애니메이션을 비롯한 책그림의 영상이 점점 발전해간다는 것을 느낄 수 있다.

책그림의 영상에서 인상 깊었던 부분이 있었다. 그는 사이드 프로젝트 중간에 회의를 느꼈다고 했다. 이유는 남들처럼 올인하지 않고 사이드 프로젝트를 운영하는 자신이 소심하게 느껴졌기 때문이었다. 많은 직장인들이 아마도 사이드 프로젝트를 운영하면 책그림과 비슷한 생각을 할 것이다. 나도 그랬다. 하고 싶은 걸 발견했는데 회사를 그만두고 올인해야 하는 건 아닐까? 이렇게 적은 시간만 투자해서 성공할 수 있을까?

와튼 스쿨 애덤 그랜트 교수의 책 『오리지널스』의 내용을 빌려 책그림은 이렇게 말한다. '기업가, 혁명가, 예술가'가 되기 위해서 위험 지향적인 사람이 될 필요는 없다. 오히려 위험 회피인 사람이 더 성공한 경우가 많다. 소심한 사람은 회사 월급이라는 기반 아래서 안정된 마음으로 창의성과 혁신성을 발휘할 수 있다. 사이드 프로젝트는 모험을 싫어하는 소심하고 내향적인 사람이 성공할 수 있는 유용한 툴이다.

그렇다면 언제 사이드 프로젝트가 메인 프로젝트가 될 수 있을까? 언제 회사에서 나와 완전하게 홀로 일할 수 있을까? 그 시기는 자연스럽게 알 수 있다. 더는 본업과 사이드 프로젝트가 함께할 수 없을 때가 온다. 본업에 사용하는 에너지를 사이드 프로젝트에 사용하면 더 큰 성과를 얻을 수 있다는 확신이 생겼을 때 자연스럽게 사이드 프로젝트는 메인 프로젝트가 된다.

내가 나에게 시킨 일이라 그만큼 더 어렵다.

그렇다면 사이드 프로젝트라는 좋은 툴에도 불구하고 왜 자기 일을 찾은 직장인이 많지 않을까? 여러 가지 이유가 있을 것이다. 사이드 프로젝트를 시작할 수 없을 정도로 시간적 여유가 없을 수 있다. 그런 경우라면 이직을 해서라도 어떻게든 여유를 낼 수 있는 환경을 만들어야 한다. 아무리 찾아도 자신에게 맞는 콘텐츠를 찾지 못할 수도 있다. 콘텐츠를 찾는 일은 시간이 걸릴 수 있다. 다양한 콘텐츠를 가지고 프로젝트를 진행해볼 수밖에 없다.

하지만 사이드 프로젝트가 진정으로 성공하기 어려운 이유는 따로 있다. 누가 시켜서 하는 일이 아니라 내가 나에게 시켜서 하는 일이기 때문이다. 우리나라 사람들이 취업을 선호하고 창업을 꺼리는 이유는 안정 지향적인 성향도 있지만, 20년 가까이 받아온 수동적인 교육의 폐해 때문이기도 하다. 배우고 싶은 공부를 찾아서 하기보다는 앉아 있으면 떠먹여주는 주입식 교육의 폐해에 익숙해진 탓이다. 회사도 마찬가지다. 일단 취직하면 회사에서는 어떤 일을 해야 할지, 어디서 일해야 할지, 목표 매출액은 얼마인지, 일에 관련한 모든 것을 알려준다. 사원이 해야 할 일은 회사에서 알려준 대로 열심히 일하는 것뿐이다. 그에 반해 창업자는 스스로 일을 찾아서 해야 한다. 모든 결정을 자신이 내려야 한다. 심지어는 세금과 건강 검진도 본인이 챙겨야 한다. 스스로 자신이 일을 찾아서 해야 하는 상황을 오랜 세월 굳어진 습관 때문에 처음부터 회피하려는 것이

사이드 프로젝트가 실패하는 주된 요인이다.

사이드 프로젝트는 자기도 모르게 수동적인 일만 하는 자신을 능동적으로 변화시키는 도구이자 연습이다. 여기서 중요한 건 시작이 아니라 끝맺음이다. 내가 나에게 시키는 일은 중간에 멈추더라도 누가 뭐라고 하는 사람이 없다. 문제가 발생하지도 않는다. 끝까지 해내겠다는 의지가 강하지 않다면 회사 일이 조금 바빠지거나 집에 무슨 일이 생기면 어느새 멈춰 있기 마련이다. 의지가 부족하다면 프로젝트를 계속 이어나갈 수 있게 동기부여 할 수 있는 무언가가 필요하다. 프로젝트를 통해 적은 금액이라도 수익이 들어온다면 훌륭한 동기부여가 될 수 있다. 만약 수입이 없다면 가능성을 봐야 한다. 내가 지금 진행하는 프로젝트와 비슷한 일로 성공한 사람들이 얼마나 많은 돈을 버는가. 지극히 세속적이지만 분명히 도움이 된다.

프로젝트를 지속하는 데 무엇보다 도움이
되는 것은 피드백이다.

회사 부서 중에서 가장 업무 만족감이 큰 부서는 최종 완성품에 대한 고객의 반응을 직접 들을 수 있는 곳이라고 한다. 예를 들어 장난감 회사라면 제품을 개발하는 연구부서, 자료를 제출해 허가를 받는 부서, 공장에서 제품을 만들고 품질을 확인하는 제조, 검품부서, 홍보부서 등등이 있다. 이 경우에는 제품이 완성되고 고객인 아이들의 반응을 직접 확인할 수 있는 마케팅부서의 직원들이 업무 만족감이 상대적으로 가장 크다는 것이다.

1인 콘텐츠 창업을 위한 프로젝트는 생산자와 고객이 직접 연결되어 있다. 모든 고객이 프로젝트를 통해 만들어진 콘텐츠에 만족하지 않겠지만, 꾸준히 하다 보면 응원해주고 칭찬해주는 피드백이 생기기 마련이다. 피드백은 격려뿐만 아니라 콘텐츠의 문제점을 지적하기도 하고 내가 몰랐던 콘텐츠의 장점을 알려주기도 한다. 고객의 피드백이 항상 옳은 건 아니지만, 콘텐츠를 발전시키는 데 큰 도움이 된다.

처음부터 만족할 만한 결과를 얻기는 쉽지 않다. 하지만 사이드 프로젝트를 통해 능동적으로 일할 수 있는 습관을 들이고 실패를 통해 배워나간다면 어느새 이전과는 비교할 수 없을 정도로 발전해 있는 자신의 모습을 분명히 발견할 수 있을 것이다.

일단 시간과 공간을
확보하라

나만의 공간에서 내가 정한 시간에 원하는 일을 하는 것.
그런 삶을 바란다면 일단 현재 자신이 있는 곳에서
시간과 공간을 확보한다.

일과 주거에 있어 유목민(nomad)처럼 자유롭게 이동하면서도 창
조적인 사고방식을 갖춘 사람들을 디지털 노마드(digital nomad)라
고 한다. 디지털 노마드는 스마트폰과 태블릿 같은 디지털 장
비를 활용하여 직장 없이 시간과 장소를 주도적으로 자유롭
게 선택해 돈을 버는 사람들이다. 인터넷을 이용해 콘텐츠를
독자에게 제공하는 콘텐츠 크리에이터가 대표적인 예다. 제대

로 해외여행 한 번 가기도 힘든 직장인에게 해외에 머물며 일할 수 있는 디지털 노마드는 로망 혹은 부러운 직업일 것이다. 출퇴근길 걱정도 없고 잔소리하는 상사도 없으니 더할 나위가 없다. 하지만 사람들은 디지털 노마드의 삶을 신기루처럼 바라본다.

> 일주일에 5일, 최소 8시간 이상 일하고 복잡한 인간관계를 견디며 힘들게 돈을 버는 일만이 현실의 직업이라고 생각한다.

디지털 노마드의 삶이 로또 당첨자처럼 운 좋은 극히 일부의 사람이 누리는 삶이라고 선을 그어버린다. 또는 로또 1등에 당첨되면 넘치는 돈 때문에 불행해진다고 생각하는 것처럼 디지털 노마드의 안 좋은 부분을 애써 찾는다. 그렇게 외면하면서 어떻게든 도전하지 않을 핑계를 만드는 것이다.

디지털 노마드의 핵심은 해외 근무와 같은 화려함이 아니다. 일하는 스타일을 자신의 성향에 맞춤으로써 능률을 높이는 것이 요점이다. 신기루 같지만 회사에 다니면서도 공간과 시간을 확보해 충분히 경험해볼 수 있다. 디지털 노마드의 삶이 나에게 맞는지 안 맞는지는 경험해본 후에 판단해도 늦지 않다.

　나만의 공간을 확보하라.

　남자들이 자동차에 집착하는 데는 몇 가지 이유가 있다. 비싼 수입차를 타면 굳이 말하지 않아도 잘나가는 사람으로 여겨진다. 자동차가 명함과 같은 역할을 하는 셈이다. 내 차가 옆 사람의 차보다 크고 비싸면 우월감을 느끼기도 한다. 하지만 차의 크기나 가격과 상관없는 이유일 때도 있다. 자동차가 자신이 통제할 수 있는 유일한 공간이라고 인식하는 경우다. 회사에 가면 내 자리가 있지만, 상사가 신호도 켜지 않고 불쑥 공간을 침범한다. 아무리 피곤해도 엎드려 잘 수 없고 잠깐만 딴짓을 해도 눈치를 봐야 한다. 혼자 살지 않는다면 집도 마찬가지다. 부모, 배우자, 아이가 있으면 온전히 혼자 있을 공간을 갖기는 거의 불가능하다. 그런 의미에서 자동차는 나만의 공간이 될 수 있다. 사람들이 운전석에 앉았을 때 포근함과 편안함을 느끼는 이유다.

　꼭 남자가 아니고 또 자동차가 아니더라도 사람들은 자기만의 공간을 가지고 싶어 하고 필요로 한다. 엠브레인 트렌드모

니터가 전국 만 19~59세 성인 남녀 1,000명을 대상으로 실시한 '나 홀로 공간'을 찾는 현대인들과 관련한 설문조사에서 대상 전체 10명 중 8명이 평소 혼자만의 공간이 필요하다는 생각을 하는 것으로 나타났다. 이들은 혼자 다양한 활동을 즐기는 차원을 넘어 타인의 시선과 외부의 방해에서 벗어난 공간에서 '혼자' 시간을 보내고 싶어 하는 사람들이다. 혼자 하고 싶은 것들이 많거나, 집중해서 해야 할 것들이 있을 때 혼자만의 공간을 많이 찾는다. 하지만 이만큼 필요성을 느낀다는 건 그만큼 혼자만의 공간이 없다는 방증이기도 하다.

단순한 시도지만 나만의 공간이 주는 효과는 단순하지 않다. 내가 원하는 일을 하는 행위는 자립적인 태도와 능동적인 마음가짐을 동반한다. 혼자 있게 되면 자연스럽게 자기 자신을 되돌아보게 된다. 자기 성찰 지능이 높아지는 것이다. 다중지능 이론에서 자기 성찰 지능은 자신의 심리와 정서를 파악하고 표출하는 능력을 말한다. 독립된 공간에서 혼자서 뭔가를 하는 행위는 남한테 기대지 않고 스스로 할 수 있다는 자신감을 키워준다. 내향적인 사람이라면 특히 나만의 공간이 필요하다. 조용하고 방해받지 않는 공간을 통해 에너지를 충전할 수 있고 집중력을 발휘해 업무 효율성을 높일 수 있기 때문이다.

소설을 처음 쓰기 시작했을 때 난 혼자서 거실에 방이 하나 딸린 아파트에 살고 있었다. 회사에서 퇴근하면 자연스럽게 거주 공간이 나만의 공간이 되었다. 내 마음대로 공간을 구성할 수 있었기 때문에 우선 텔레비전을 들여놓지 않았다. 집 주변 환경도 좋았다. 베란다 창을 통해 야트막한 산이 보였고 조금만 걸어 나가면 하천을 따라 산책할 수도 있었다. 도보로 10분 거리에 중앙도서관이 있어 필요한 자료가 있으면 바로 대출을 받으면 됐다.

나만의 공간이 반드시 집이어야 할 필요는 없다. 공간은 창의력에 영향을 미친다. 여러 요소를 고려해 나만의 공간을 결정한다. 방해만 받지 않는다면 굳이 헨리 데이비드 소로가 월든 숲에 들어간 것처럼 자신을 고립시킬 필요는 없다. 마찬가지로 집처럼 폐쇄된 공간일 필요도 없다. 사람에 따라 집중력과 창의력을 발휘할 수 있는 환경은 다르다. 나는 집이 편했지만 『나는 도서관에서 기적을 만났다』를 쓴 김병완 작가의 공간은 도서관이었다. 그는 도서관에서 3년 동안 엄청난 양의 독서를 했고 의식의 변화와 함께 1년 6개월 동안 무려 33권의 책을 출판했다.

『해리포터』의 저자인 조앤 롤링은 영국 에든버러의 엘리펀트 카페에서 글을 썼다. 조용한 카페에 앉아 넓은 창을 통해 보이는 에든버러 성을 바라보며 그녀의 창의력은 배가 되었을 것이다. 우리나라에서도 많은 사람이 카페에서 공부하고 업무를 본다. 그 장소가 편하다면 카페 역시 나만의 공간이 될 수 있다.

나만의 시간을 확보하라.

마케팅부서에서 근무할 때 업무량이 과도해 퇴근시간이 항상 늦었다. 잠잘 시간을 조금이라도 늘리기 위해 회사 근처에 원룸을 구할 정도였다. 저녁을 회사 근처에서 먹고 다시 일하기 위해 들어오는 건 당연한 일이었고 10시 전에 퇴근하면 다행이었다. 주말에도 일하지 않고는 업무를 감당할 수 없었다. 그런 와중에 회식, 세미나 등 다양한 외부 활동까지, 나만의 시간을 갖는 것은 거의 불가능했다. 경험이 부족해서 일하는 요령이 없다고 생각할 수도 있지만, 함께 일하던 마케팅부서 직원 대부분이 나와 같은 처지였다. 주말에 회사에서 마주친 독일인 부서장은 효율적으로 일하라며 화를 내기까지 했는데, 화는 오히려 내가 내고 싶었다.

　회사에서 보내는 시간을 최대한 효과적으로 써야 한다. 많은 이들이 충고한다. 체크리스트를 만들어 우선순위대로 일해라, 시간을 어디에 쓰는지 기록해라, 규칙적인 삶을 살아라, 한 가지 일에만 집중해라, 자투리 시간을 허투루 보내지 마라. 모두 좋은 방법이다. 이 중에 하나라도 자신에게 맞는 것이 있다면 적극적으로 활용해라. 하지만 나 같은 경우에는 시간 관리에 관한 해외 서적이나 대한민국 직장인의 삶을 경험해보지 못한 사람의 조언이 현실적으로 와 닿지 않았다. 매일같이 일이 터지는 전쟁터 같은 직장에서 미리 세워놓은 계획은 아무 소용이 없었다.

　난 의지가 남들보다 강하지도 않고 요령이 좋은 사람도 아니다. 아무리 따져봐도 마케팅부서에서 계속 일하면서 나만의 시간을 확보할 수가 없었다. 그래서 선택한 방법은 일보 후퇴였다. 경력직의 이직은 연봉이 올라가거나 큰 회사로 옮기는 게 일반적이다. 하지만 내가 원하는 기준은 나만의 시간을 충분히 가질 수 있는 직장이었다. 물론 쉬운 결정은 아니었다. 다국적 제약회사 가운데 세계 10위권 안에 드는 회사. 게다가 마케팅부서로 옮기면서 내가 맡게 된 역할은 프로젝트 매니저였다. 입사하고 2년이 안 된 직원으로서 나름 회사에서 인정받았다는 의미였다. 어렵게 들어간 회사에서 인정까지 받았지만, 나만의 시간을 갖고자 하는 절실함을 이길 수는 없었다. 결국, 난 연봉은 적고 계약직이지만 정시에 퇴근하는 공공기관으로 이직했다.

> 시간 관리를 위한 조언을 듣기 전에 돌아봐
> 야 할 것은 나의 절실함이다.

뻔해도 어쩔 수 없다. 삶의 변화를 얼마나 절실하게 원하는지, 지금 상태에서 얼마나 벗어나고 싶은지, 정말 절실한 사람은 어떻게든 방법을 찾는다. 죽도 밥도 아닌 인생이 될 확률이 높다는 걸 알면서도 이런저런 핑계를 대는 사람은 절실함이 없는 것이다. 현재의 일보 후퇴가 구체적인 성과가 나오기 전까지는 뼈아플 수 있다. 금전적, 심리적으로. 하지만 몇 보의 후퇴를 하더라도 내가 원하는 일을 하기 위한 시간을 만드는 건 그만큼 중요하다.

자, 이제 공간과 시간을 모두 확보했다. 나만의 공간에서 내가 정한 시간에 원하는 일을 하는 것. 바로 디지털 노마드의 삶이다. 나만의 공간을 한 군데로 정할 필요는 없다. 해외에서도 일할 수 있다는 화려한 면을 제거하고 본질을 보면 내가 원하는 장소에서 원하는 일을 하는 것이 디지털 노마드다. 내가 원하는 장소는 곧 일이 잘되는 장소 혹은 마음이 편한 장소라고 말할 수 있다. 나만의 공간을 확보하는 일을 통해 디지털 노마드를 체험해볼 수 있다는 말이다. 그러면 자신이 생각했던 것처럼 그렇게 비현실적인 일만은 아니라는 것을 알 수 있다.

무엇이든
콘텐츠가 될 수 있다

지금까지는 소품종 대량생산의 시대였지만,
이제부터는 다품종 소량생산의 시대다. 모든 사람은 다르다.
나만이 가진 차별점은 충분히 상품이 될 수 있다.

시간과 공간을 확보했다면 이제는 나만의 콘텐츠를 찾아야 한다. 콘텐츠를 한 문장으로 정의 내리기 어려운 만큼 1인 콘텐츠 창업에서 사람들이 가장 어렵게 생각하는 부분이기도 하다. 잘 알지도 못하고 관심도 없으면서 무작정 잘되는 콘텐츠를 따라 할 수는 없다. 그렇다고 신선한 콘텐츠를 찾는 일도 막막하다. 학창 시절도 회사 생활도 평범해서 딱히 콘텐츠라고 내세울 만한 게 없다고 생각하는 사람이 많다. 하지만 콘텐츠를 너무 어렵게 생각할 필요는 없다. 타인에게 즐거움과 기쁨, 지식과 정보, 위로와 편안함을 줄 수 있다면 어떤 것도 콘텐츠가 될 수 있다.

'평범함'조차도 예외는 아니다. '넌 할 수 있어'라는 부담스러운 격려보다 '나도 너와 다르지 않아'라고 말해주는 듯한 위로의 콘텐츠를 접할 때 많은 사람은 평범한 '나'에 안도하며 편안함을 경험한다. 〈대학 내일〉의 20대연구소가 수도권 거주 20대 남녀 600명을 대상으로 시행한 설문조사에 따르면, 응답자의 58.7%가 '인생역전 성공 스토리보다 일상의 소소한 즐거움을 담은 콘텐츠를 선호한다'라고 답했다. 유명인보다 일반인의 인터뷰와 강연에 공감과 동기부여를 느낀다는 응답도 40.7%에 달했다.

『출근하지 않고 퇴직하지 않는 1인 지식창업』의 김종서 저자는 업무 지식 노하우는 생각보다 더 가치가 있다고 말한다. 그는 블로그에 올린 시간 관리 다이어리를 보고 많은 문의가 오는 것을 보며 신기하면서도 의아함을 느꼈다고 했다. '시간 관리'라는 것이 누구에게 배울 만한 지식이 아니라고 생각했기 때문이었다. 시간 관리가 어려운데 도움을 줄 수 있느냐는 문의는 저자의 생각을 바꾼 계기가 되었다. 내게는 익숙하고 사소한 것이더라도 누군가에게는 필요한 정보, 노하우가 될 수 있다는 생각을 하게 된 것이다.

직장 생활의 경험 여부를 떠나 모든 사람에게는 자신만의 인생 스토리가 있다. 자신은 대단하게 생각하지 않을지라도 그 안에는 콘텐츠로 변신할 만한 것들이 충분히 존재한다. 아무리 찾아도 없다고 한다면 새로운 경험을 만들면 된다. 취미를 새로 가져도 되고 여행을 떠나도 된다. 무언가를 배우는 것도 좋다. 새로운 경험을 하는 과정마저도 콘텐츠가 될 수 있다. 다시 말하지만 어떤 것도 콘텐츠가 될 수 있다.

내 인생 안에 답이 있다.

정병길 씨는 은행에서 퇴직 후 두 권의 책을 저술했지만, 대중적인 성공은 거두지 못했다. 책을 읽어본 주변 사람의 호응에 힘입어 신문광고까지 냈지만 별다른 반응은 없었다. 그는 돈이 많이 드는 광고를 더는 하지 못해 SNS를 배워 홍보하기로 마음먹었다. SNS 코칭 전문가인 정은상 맥아더스쿨 교장을 만나 페이스북 및 유튜브 등 제작 활용법을 배우기 시작했다. 정병길 씨가 평소에 그림을 그려왔다는 말을 들은 전문가는 아이패드에 있는 그림앱을 소개해주었다. SNS 코칭을 받으면서 아이패드로 그림을 그리고 판화공방에서 출력해 액자에 넣어 활용해본 그는 그리는 데 재미를 느끼고 더욱 열심히 그렸다. 그 모습에 정은상 교장은 이참에 아예 아이패드 그림강좌 등의 새로운 분야를 개척해보라고 권유했다. 처음에는 웃어넘겼지만, 실제로 강좌를 열었을 때 첫 반응이 나쁘지 않았다. 그림 주문도 받게 된 그는 아이패드 화가로 활동하게 되었다. 정병길 씨는 국내에서 처음으로 아이패드 그림만으로 개인전을 가졌고 각종 미술제에서 수상까지 했다. 취미가 직업 콘텐츠로 이어진 것이다.

평소에 느끼던 불편함조차도 콘텐츠 후보가 될 수 있다. 버진 그룹 창업자인 리처드 브랜슨은 창업하려면 생활 속의 불편함을 찾아서 그것을 해결하는 방법을 찾으라고 말했다. 그렇다고 일론 머스크처럼 느린 교통수단을 대체할 수 있는 차세대 이동수단, '하이퍼루프' 같은 거대한 프로젝트를 떠올리라는 것이 아니다.

3년 차 주부인 최서영 씨는 팔려고 했던 노트북 중에 국내 리뷰가 없는 제품이 있어 사용 후기를 쓰면 좋겠다 싶어 영상으로 찍어봤다. 그렇게 유튜브에 가전제품의 리뷰를 올리기 시작했고 댓글이 달리는 등 조금씩 반응이 생기자 계속하게 되었다. 그녀는 '가전주부'라는 IT와 전자제품 리뷰 채널을 만들어 남성의 영역으로 여겨지던 분야를 여성의 시각에서 꼼꼼히 리뷰하면서 인기를 끌고 있다. 온라인상에 리뷰가 없는 자신의 중고 물건을 팔려고 우연히 올린 사용 후기 영상이 콘텐츠로 이어진 셈이다.

『나는 무엇을 잘할 수 있는가』에서 저자 중 한 명이자 정신과 의사인 문요한 씨는 강점을 발견하는 방법으로 산맥 타기를 소개했다. 산맥 타기는 지나온 인생을 길게 펼쳐 어떤 시기에 내 삶이 빛나고 왜 빛났으며, 어떤 시기에 삶이 어두웠고 왜 어두웠는지 찾아보는 방법이다. 시간대별로 자신의 삶에서 벌어진 이벤트를 점수로 매겨 빛났을 때는 플러스로, 어두웠을 때는 마이너스 점수를 매겨 점을 찍는 방법이다. 각각의 점을 연결하면 산맥의 모습이 나타난다. 콘텐츠 찾기를 산맥 타기에 적용해보면 자신이 인생에서 즐거웠던 때를 찾아보면 된다. 친구와 떠났던 배낭여행, 스타크래프트에 빠져서 PC방에 살았던 나날들, 다른 과목은 다 재미가 없는데 유독 흥미를 느꼈던 대학교 교양과목 등등. 현실에 지쳐 까마득하게 잊고 있었던 추억을 새록새록 떠올려보자. 이 모두가 콘텐츠 후보가 될 수 있다. 산맥 타기와 마찬가지로 한번 점수도 매겨보자. 내가 어떤 종류의 일을 할 때 즐거운지 알 수 있다면 직접 경험한 것이 아니더라도 또 다른 힌트를 얻을 수 있다.

새로운 경험이 콘텐츠가 될 수도 있다.

음반 회사에서 마케팅 업무를 하던 A과장은 7년의 음반업계 경력을 뒤로하고 회사를 그만두었다. 건강은 표면상의 사유였다. 그녀는 고등학교 때 음악이 너무 좋아 음반 회사에서 일하고 싶다는 꿈을 가졌다. 대학 졸업 후 원하는 일을 할 수 있게 된 만큼 퇴사는 그녀에게 어려운 결정이었다. 열심히 일한만큼 인정은 받았지만 자신을 망가뜨리면서 일한다는 생각이 들 만큼 업무량이 많았다.

'좋아하는 일을 상식적인 선에서 할 수는 없을까?'라는 질문을 지침으로 삼아 그녀는 새로운 일을 찾아 나섰다. 퇴직 5

개월 후 떠난 스리랑카 여행에서 A씨는 홍차에 매력을 느꼈다. 매력을 따라 차(tea)의 세계에 깊이 빠져든 그녀는 런던에서 3주 동안 티 소믈리에 과정을 수료했다. 한국에 들어온 그녀는 티 강의를 하는 유명 강사 중 30대가 거의 없다는 사실에 젊은 사람들에게 티를 알리는 데 자신의 나이가 경쟁력이 될 수 있겠다고 생각했다. 접근 방식으로 '영상'을 선택한 A씨는 경기도콘텐츠진흥원에서 모집하는 '1인 크리에이터' 공모전에 응모했고, 최종 선정되어 지원을 받았다.

자신이 살아온 길을 아무리 더듬어도 콘텐츠로 삼을 만한 게 없다면 새로운 경험에 도전해보자. A씨의 이야기에서 배울 수 있는 교훈은 좋아하는 일은 한 가지에 국한되지 않는다는 것이다. A씨는 퇴직 후 5개월 동안 음악 다음으로 좋아하는 일이 무엇일까 생각했다. 읽고 싶은 책을 읽었고, 인터넷에서 정보를 얻어 북카페 행사와 서점투어 같은 이벤트에 참여했다. 마음 가는 대로 듣고 싶은 강연을 신청해 들으러 다녔다. 중요한 건 목적의식을 가지고 행동해야 한다는 점이다. 새로운 경험을 하는 진짜 목적이 무엇인지 항상 생각하고 있어야 콘텐츠를 발견할 수 있다. A씨는 여행 도중에 마신 홍차에서 콘텐츠가 될 수 있는 원석을 발견했다. 아무 생각 없이 여행했다면 일반적인 여행자처럼 그저 홍자를 마신 경험 정도로 끝났을 것이다.

A씨는 새롭게 좋아하는 일을 찾기 위해 노력했고, 정병길 씨는 평소 취미가 직업으로 연결되었다. 티 소믈리에, 아이패드 화가, 우리에게 그다지 익숙한 직업은 아니다. 하지만 충분히 수익을 낼 수 있는 콘텐츠이자 직업이 되었다. 현재 잘나가는 콘텐츠가 아니라고 해서 미리 속단할 필요는 없다. 나 역시 회사에 다닐 때 열심히 하기는 했지만, 그것이 전부인 평범한 영업사원이었다. 영업 또는 영업사원이 소설의 주제가 될 수 있다고는 생각해본 적이 없었다. 실제로 다양한 직업, 특히 의사나 변호사 같은 전문직을 주인공으로 하는 직업물 소설은 많았지만, 영업사원이 주인공이면서 영업을 주제로 하는 판타지 소설은 이전까지 없었다. 나는 내가 경험한 에피소드에 내가 꿈꿨던 영업사원의 모습을 대입시켜 소설을 썼다. 소설이 유료 연재로 성공한 원인 중 하나는 디테일과 개연성이었다. 내가 회사에서 경험한 일들을 각색해서 스토리를 만들었기 때문에 '있을 법한 일', 즉 개연성이 있을 수밖에 없었다. 그뿐만 아니라 제약회사에 일해야만 알 수 있는 용어와 산업 환경을 소설

에 녹여낸 덕분에 디테일도 살아 있었다. 회사에 다닐 때 틈틈이 그림을 그렸던 취미가 아이패드 화가라는 직업으로 이어지고, 영업사원의 경험이 소설의 스토리가 된 것처럼 우리의 인생 속에는 자신도 모르는 콘텐츠의 힌트가 숨어 있다.

> 콘텐츠는 우선 내가 잘 아는 분야이거나 잘
> 모르더라도 흥미 있는 분야를 선택하면 된다.

콘텐츠 창업을 통해 돈을 벌고 성공하기 위해서는 차별성과 시장성을 비롯한 다양한 요소를 갖춰야 한다. 하지만 처음부터 깊이 생각할 필요는 없다. 사람들이 글쓰기를 어려워하는 이유는 처음부터 완벽한 문장을 만들려고 하기 때문이다. 『노인과 바다』로 노벨 문학상과 퓰리처상을 수상한 헤밍웨이는 모든 초고는 쓰레기라고 말했다. 초고가 엉망이더라도 우선 쓰고 퇴고를 통해 계속해서 고쳐나가면 좋은 작품이 될 수 있다는 의미다. 콘텐츠도 마찬가지다. 콘텐츠를 선정해 타인에게 계속 선보이면서 보완해가라. 운 좋게 처음부터 잘 풀릴 수도 있지만 실패하더라도 그건 시간 낭비가 아니라 경험이 된다. 일단 시작해라. 고민은 그 이후에 해도 된다.

> 자신은 대단하게 생각하지 않을지라도 그 안
> 에는 콘텐츠로 변신할 만한 것들이 충분히 존
> 재한다.

나의 성향, 욕구, 흥미, 경험을 조합하라

내가 어떤 사람인지 알아야
원하는 삶의 그림을 그릴 수 있다.
콘텐츠 또한 마찬가지다.

자기계발에 관심이 많은 사람이라면 퍼스널 브랜딩(personal branding) 혹은 1인 브랜딩에 대해서 많이 들어봤을 것이다. 퍼스널 브랜딩은 자신을 브랜드화하여 특정 분야에 대해서 먼저 자신을 떠올릴 수 있도록 만드는 과정을 말한다. 최근에는 비슷한 콘텐츠로 1인 창업을 하는 사람들이 많아지고 있다. 1등은 못 되더라도 다른 사람과의 차별화를 위해서는 퍼스널 브랜딩이 중요하다.

　게임 방송이라고 하면 사람에 따라 다양한 얼굴이 떠오를 수 있다. 그래도 대표적인 사람으로 유튜브 크리에이터인 대도서관을 떠올리는 사람이 많을 것이다. 지금은 공중파 방송에도 출연하고 책도 쓰면서 다양한 분야에서 활약하고 있지만, 그는 오랜 기간 인터넷 방송을 통해 게임 방송 하면 대도서관이라는 퍼스널 브랜드가 분명하게 있었다.

　그는 어떻게 자신을 브랜딩했을까? 대도서관이 처음 인터넷 생방송을 시작했을 때 많은 BJ가 방송 도중 욕설과 막말 또는 선정성으로 관심을 끌고 시청자를 모으는 분위기였다. 언론에서도 문제점을 여러 번 다뤘지만, 관심이 곧 수입으로 직결되는 BJ들에게는 쇠귀에 경 읽기였다. 대도서관은 다른 사람과 같은 식으로 방송하면 돈을 벌지는 몰라도 얼굴을 들고 다닐 수 없을 것 같다고 생각했다. 그는 욕설이나 음담패설 없이 스토리텔링과 입담으로 게임 방송을 진행했고 욕이 없는 '유교 방송'임에도 재미있다는 평을 들으며 가능성을 확인했다. 대도서관이 처음 사용한 차별화, 즉 퍼스널 브랜딩이 '유교 방송인데도 재미있는 방송'이었다.

퍼스널 브랜딩의 시작은 '나'로부터다.

나는 누구인가를 인식하는 일부터 시작해 내가 다른 사람에게 어떻게 인식되고 싶은지 우선 정해야 한다. 차별화를 하겠다고 나를 다른 사람으로 꾸미면 안 된다. 초반에는 통할 수 있을지 몰라도 오래가지 못한다. 대도서관이 평소 욕을 입에 달고 다니는 사람이었다면 그렇게 오랜 시간 구독자를 속이지는 못했을 것이다.

자신의 성향과 욕구를 알아봤다면 원하는 삶의 그림을 대략적으로나마 그릴 수 있다. 콘텐츠도 마찬가지다. 성향, 욕구, 경험, 흥미 등의 조합으로 이뤄진 '나'를 분석하고 파악함으로써 차별적인 콘텐츠가 나올 수 있다. 회사에 다니면서 힘들었던 이유 중 하나는 돈을 버는 직업과 돈을 쓰는 삶을 구분 지으려고 했기 때문이다. 같은 실수를 반복하지 않으려면 콘텐츠와 삶의 그림이 한데 어우러져야 한다.

콘텐츠는 크리에이터를 보여준다.

우리는 일반적으로 콘텐츠 크리에이터라고 하면 유튜버를

떠올린다. 그만큼 사람들이 유튜브를 많이 이용하고 방송을 통해 개인 방송 크리에이터라는 직업이 친숙해졌기 때문이다. 많은 시청자에 걸맞게 개인 방송의 콘텐츠는 먹방, 게임, 메이크업, 반려동물, 댄스커버 등 매우 다양하다. 성향의 측면에서 볼 때 콘텐츠를 만드는 크리에이터는 크게 두 부류로 나눌 수 있다.

우선 자신의 얼굴을 영상에 드러내고 채팅으로 구독자들과 실시간으로 소통하는 크리에이터가 있다. 대도서관, 벤쯔, 이사배, 감스트 등이 대표적인 예다. 이들의 방송에서는 내용만큼이나 개인의 매력이 중요한 요소로 작용한다. 같은 콘텐츠로 방송을 해도 유튜버의 개성이 차별점이 된다. 하지만 이런 종류의 방송은 얼굴을 드러내는 것을 좋아하지 않거나 순발력이 떨어지는 사람에게는 잘 맞지 않을 확률이 높다. 구독자를 모으기 위해 반드시 얼굴을 드러낼 필요는 없다. 크림히어로즈와 소녀의 행성은 반려동물을 주인공으로 하는 콘텐츠다. 크리에이터의 목소리는 나가지만 얼굴은 보이지 않는다. 요리 유튜버인 꿀키, 이슈가 되는 뉴스를 영상으로 만드는 이슈왕TV, 책을 소개해주는 책그림, 모두 몇십 만 명의 유튜브 구독자를 자랑한다. 유머나 외모와 같은 개인의 매력으로 어필하기보다는 콘텐츠의 내용에 집중하는 방식이다. 생방송이 아니라 녹화 방송이라 말로 소통하는 게 어려운 사람도 충분히 잘 해낼 수 있다.

욕구가 콘텐츠 혹은 플랫폼 선택의 핵심이 될 수도 있다. 자유의 욕구가 강한 사람은 자신이 직접 다녀온 여행을 콘텐츠로 삼을 수 있다. 콘텐츠를 전달하는 플랫폼 혹은 방식이 반드시 유튜브와 같은 개인 방송일 필요는 없다. 우리가 유튜버를 대표적인 콘텐츠 크리에이터로 인식하는 이유는 사실 수익성 때문이다. 유튜브 시청자 수는 다른 플랫폼과 비교할 수 없을 정도로 많고 계속 증가하고 있다. 시청자 수는 크리에이터의 수익과 직결된다. 부자가 될 가능성과 함께 먹고살 가능성, 즉 생존의 욕구를 충족시킬 수 있는 유튜버에 많은 사람이 도전하는 이유다. 하지만 자유의 욕구가 생존의 욕구보다 큰 사람은 수익이 아니라 자유도에 더 방점을 찍는다. 규칙적으로 방송해야 구독자를 모을 수 있는 유튜브보다는 조금 더 자유롭게 브런치에 여행기를 올려 여행 전문 작가나 여행 콘텐츠 제작자 공모에 도전할 수도 있다.

요점은 콘텐츠와 플랫폼 모두 자신의 성향과 욕구에 맞게 선택해야 한다는 것이다. 오랫동안 즐겁게 콘텐츠 크리에이터로서 활동하려면 잘되는 콘텐츠를 모방하고 장점을 배우는 것만큼이나 자신에게 맞는 콘텐츠와 플랫폼을 찾는 것이 중요하다.

경험과 흥미를 조합해라.

내 성향과 욕구를 알게 되고 혼자 일하기를 목표로 잡았지만, 일의 종류를 결정하기까지는 오랜 시간이 걸렸다. 다양한 시도 속에서 몰입의 경험은 결정적인 역할을 했다. 뭔가에 잘 빠지는 성격은 아니지만, 지금까지 살면서 세 번 정도 심각하게 몰입한 대상이 있었다. 첫 번째 대상은 게임이었다. 중학생 때 콘솔 게임을 하기 위해 주말이면 새벽 4시에 일어날 정도였다. 두 번째는 테니스. 대학생 때 처음 배운 테니스에 빠져 1년 넘게 트레이닝복을 입고 수업을 들었다. 수업이 끝나면 바로 테니스 코트로 향했고 수업이 없는 날에는 어두워서 공이 안 보일 때까지 테니스를 쳤다. 세 번째 대상이 무협지와 판타지 소설을 비롯한 장르문학 소설이었다. 소설의 다음 내용이 궁금해서 새벽 서너 시까지 책을 붙들고 있었던 날들이 하루 이틀이 아니었다.

고등학생이 되면서 흥미를 잃은 게임과 현실적으로 취미 이상이 될 수 없는 테니스와 달리 장르문학 소설은 나에게 꾸준한 관심사였다. 단지, 나도 작가가 될 수 있다는 상상을 하지 못했을 뿐이었다. 몰입의 경험이 직업으로 이어질 수 있다는 것을 알게 된 계기는『나는 무엇을 잘할 수 있는가』를 읽고 난 후였다. 미치지 않으면 미치지 못한다는 의미의 불광불급(不狂不及)이란 말이 있다. 뭔가에 미치는 건 누가 시켜서 되는 일이 아니다. 좋아하기 때문에 나도 모르게 미치는 상태가 되는 것이다. 자발적인 몰입 경험은 그 일을 즐겁게 오랫동안 할 수 있다는 사실을 증명한 것과 같다.

혼자 일하기가 흥미와 결합하면서 판타지 소설가로 이어졌지만, 이것만으로 콘텐츠가 수익과 연결되지는 않았다. 수많은 소설가의 수많은 글 중에서 독자의 눈에 띄기 위해서는 개연성, 디테일, 대리만족, 흥미 유발 등을 포함한 필력과 제목, 트렌드, 장르 등과 같은 소재적인 측면에서 차별성이 있어야 했다. 첫 유료 연재 소설이었던『영업사원 김유빈』은 소재나 트렌드로서는 좋은 점수를 주기 어려웠다. 하지만 직접 경험한 일을 바탕으로 쓴 내용의 디테일과 영업사원이라는 평범한 직업이 주는 대리만족은 독자의 눈을 사로잡았다.『퍼펙트 써전』의 경우에는 의학물 장르라는 소재의 측면에서 장점이 있었다. 의학물은 고증을 잘해야 해서 쓰기 쉽지 않은 장르다. 그만큼 의학물 작가는 많지 않지만, 독자층은 탄탄해서 잘만 쓰면 일정 수준 이상의 결과를 낼 수 있다. 내가 의학물에 도전할 수 있었던 이유는 수의학을 전공해서 일반인보다 의학 용어나 질병에 익숙하고 쉽게 접근할 수 있었기 때문이다. 두 작품 모두 경험이 콘텐츠와 결합해서 차별성을 확보한 것이다.

콘텐츠를 선택하고 차별화하는 일은 쉽지 않은 작업이다. 작업이 잘 안 풀리면 다른 사람의 콘텐츠를 참고하고 주변의 조언을 들을 수도 있지만, 보통은 자기 자신 안에 답이 있는 경우가 많다.

콘텐츠 크리에이터로
오래가는 법

가늘고 길게 사느냐, 굵고 짧게 사느냐는 선택의 문제다.
하지만 굵고 길게 사는 길도 분명히 있다.
나는 그 길을 걷기 위해 오늘도 지붕을 고친다.

전체 취업 준비자 중 3분의 1이 공무원을 목표로 한다. 세계 3
대 투자가라 불리는 짐 로저스는 KBS 시사 프로그램인 〈명견
만리〉에서 "청년들의 노력이 참 대단하지만, 공무원 시험에 매
달리는 현실이 안타깝다. 청년들이 안정을 추구하는 사회에서
는 혁신적인 변화가 힘들기 때문"이라고 말했다. 하지만 청년
들에게는 나라 걱정보다 당장 안정적으로 먹고살 길을 찾는 게

급하다.

공무원이 인기가 많은 이유는 역시 고용 안정성일 것이다. 공무원은 큰 잘못을 저질러 해임되거나 자발적으로 그만두지 않는 이상 정년까지 월급을 받을 수 있다. 게다가 퇴직 후 연금은 요즘 같은 불안정한 사회에서 큰 매력일 수밖에 없다. 물론 모든 직업이 그렇듯이 단점도 있다. 호봉제로 매년 급여가 올라가는 부분을 고려한다 해도 월급은 박봉인 편이다. 직렬마다 차이는 있겠지만 단순 반복적인 업무, 보수적이고 위계가 확실한 환경, 민원 스트레스, 이미지와는 달리 일반 기업만큼이나 업무가 많은 직렬도 있다는 점 등은 확실한 단점이다.

나와 같은 콘텐츠 크리에이터의 장단점은 공무원과는 정반대다. 자유로운 업무 환경, 창조적인 업무, 상업적으로 성공한다면 공무원 연봉을 한 달 만에 벌 가능성 등은 장점이다. 반면 안정성 측면에서는 좋은 점수를 받기 힘들다. 한 번 실패하면 재기하기가 쉽지 않은 우리 사회에서 안정성이 낮다는 사실은 다른 장점을 모두 집어삼킬 정도로 큰 단점으로 여겨진다. 주변에서 콘텐츠 크리에이터에 대해 탐탁지 않은 시선을 보내거나 누가 도전한다고 했을 때 일단 말리고 보는 것도 불안정한 직업이라는 인식 때문이다.

현실도 사람들의 우려와 크게 다르지는 않다. 신선하고 꾸준한 콘텐츠 개발로 자리를 잡은 사람도 있지만, 다수의 크리에이터는 콘텐츠 하나가 성공해도 시간이 지나면서 시장에서 잊힌다. 그렇게 되지 않기 위해 해야 할 일은 콘텐츠 크리에이터라는 업을 공무원처럼 안정적으로 또 오랫동안 유지할 방법을 찾는 것이다. 안정성이라는 하나의 요소 때문에 외면하기에는 콘텐츠 크리에이터의 장점이 너무 많다.

오래가고 싶다면 100년 기업의 조건을 갖춰라.

세계 기업의 평균 수명은 13년. 창업 후 30년이 지나면 기업의 80%는 사라진다고 한다. 우리나라도 100년이 넘은 기업은 현재 단 9개에 불과하다. 이런 가운데 100년이 넘도록 높은 시가총액을 유지하며 산업의 중심에 서 있는 기업들이 있다. 토머스 에디슨이 1892년에 창업한 GE(General Electric), 1802년에 창업해 무려 210년 동안 기업을 유지한 듀폰, 컴퓨터로 유명한 IBM 역시 1911년에 창업한 장수 회사다. 이들이 장수할 수 있었던 요인은 기업별로 달랐다. 경영 스타일도, 산업 분야도 달랐지만 그래도 몇 가지 공통점은 찾을 수 있다. 세 회사 모두 끊임없는 변화를 통해 지금의 모습에 이르렀고 위기 극복을 통해 새로운 기회를 잡았다는 점이다.

듀폰은 화약사업에 이어 나일론, 케블라 등 새로운 물질의 발명으로 화학기업으로 자리매김했다. 그러나 지금은 농업과 식량 분야를 주요 사업으로 하는 기업으로 변신했다. 세계 인구가 지속적으로 증가하면서 식량이 중요한 사업이 될 것으로 내다봤기 때문이다.

PC(퍼스널컴퓨터)로 유명한 IBM에는 컴퓨터 사업부가 없다. IBM은 현재 클라우드 서비스와 왓슨과 같은 인공지능을 이용한 코그니티브 비즈니스(빅데이터의 분석과 인지 컴퓨팅 기술을 통해 산업 영역에 디지털 혁신을 모색하는 사업)의 대표 기업 중 하나다.

그렇다면 콘텐츠 크리에이터나 1인 지식 창업의 평균 수명은 어떨까? 이제 막 개화한 분야라 통계는 없지만, 개인 방송 업계의 대표주자인 대도서관이 2009년 다음TV팟에서 방송을 시작해서 9년의 세월이 지나는 동안 수많은 크리에이터가 나타났다 사라졌다. 비록 혼자서 '나'라는 회사를 운영하지만, 1인 기업도 기업이라고 할 수 있다. 위의 기업들처럼 100년을 유지할 필요는 없어도 최소한 10년 이상 일을 해나가기 위해서는 언젠가 내 콘텐츠의 생명이 다할 수 있다는 사실을 인지해야 한다.

사실 안다고 모두 행동으로 이어지는 건 아니다. 핵심 콘텐츠를 통해 정기 구독자를 모으기 위해서는 오랜 시간과 노력이 필요하다. 모두가 성공하는 것이 아닌 만큼 성과가 나게 되면 당연히 자신의 콘텐츠에 애착을 갖기 쉽다. 애착이 나쁜 건 아니지만, 그렇게 변화 없이 시간이 흐르면 처음의 참신함은 사라지고 콘텐츠는 자기 복제를 벗어나기 어렵다. 그런 상태에서도 한동안은 계속 수익이 나겠지만, 콘텐츠를 구매하는 독자는 바보가 아니다. 하루가 다르게 바뀌는 세상에서 성공한 기존의 콘텐츠에만 의존한 채 새로움을 추구하는 노력이 보이지 않으면 애독자였던 사람도 등을 돌릴 수 있다.

콘텐츠 크리에이터로서 참신함과 지속성이라는 두 마리 토끼를 잡기 위해서는 장수하는 기업을 본받을 필요가 있다. 그들의 어떤 점이 100년 기업을 가능하게 만들었을까. 시대의 흐름에 따라 유망 산업이 변하는 것을 미리 예견하는 통찰력일까? 주력 사업마저도 과감하게 바꾸는 추진력일까? 모두 중요하지만, 그것을 받치는 기본적인 가치는 바로 도전 정신이다.

수익이 조금 줄었다고 해서 안정적인 수익원을 바꾸는 일은 말처럼 쉽지 않다. 그럼에도 장수 기업들은 과감하게 도전했고 100년 기업의 기틀을 마련했다.

한번 콘텐츠 크리에이터를 하기로 마음먹고 이것저것 시도해봤을 때를 떠올려보자. 열심히 해도 알아주는 사람이 없고 미래에 대한 확신도 없는 시기지만, 그 시기가 있었기에 지금에 이를 수 있었다. 콘텐츠 크리에이터를 정의할 수 있는 가치는 다양하지만, 핵심은 도전 정신이다. 수익에 대한 유혹을 극복하고 콘텐츠 크리에이터는 처음 시작할 때처럼 계속해서 도전해야 한다. 아이러니하게도 안정성을 바라지 않는 도전만이 콘텐츠 크리에이터의 안정성을 도모할 수 있다.

물론 IBM이나 듀폰처럼 콘텐츠를 완전히 바꾸기는 부담스럽다. 그렇다면 기존의 콘텐츠를 바탕으로 조금씩 영역을 확장해보는 건 어떨까? 프랑스에 '태양이 빛나는 동안 지붕을 고쳐라'라는 말이 있다. 위기가 왔을 때가 아니라 콘텐츠로 수익이 날 때 이런저런 시도를 해봐야 한다는 의미다.

기업의 실패와 콘텐츠 크리에이터의 실패
는 다르다.

콘텐츠를 확장하라는 주장에 반대 의견이 있을 수 있다. 주력 콘텐츠에 에너지를 집중해 발전시키는 편이 우리나라 대기업처럼 문어발식으로 사업을 확장하는 것보다 실속 있고 안정적이라고 생각할 수 있다. 한마디로 수익이 나는 콘텐츠로 벌 수 있을 때 집중해서 왕창 버는 게 낫다는 의견이다.

기업의 측면에서 보면 일리가 있는 주장이다. 실제로 국민 소주인 '진로'를 생산하던 진로 그룹은 유통회사로 거듭나기 위해 종합유통업과 맥주 사업에 진출했지만, 무리한 확장으로 재무상황이 안 좋아지면서 법정관리 신청 후 하이트에 인수되었다. 하이트진로의 소주 매출이 지난해 1조 원을 돌파했고 K팝과 같은 한류의 영향으로 동남아 시장으로의 소주 수출량이 매년 큰 수치로 증가하고 있다는 뉴스를 보면 확장이 정답은 아니었던 것으로 보인다.

콘텐츠 크리에이터와 같은 1인 콘텐츠 창업의 장점이 여기서 나타난다. 콘텐츠 크리에이터의 주요 가치 중 하나는 무에서 유를 창조한다는 점이다. 애초에 1인 지식 창업은 초기 투자 비용이 실패해도 부담이 되지 않을 정도로 매우 작다. 이러한 장점은 콘텐츠를 확장할 때도 똑같이 적용된다. 시간을 분배해야 하는 점을 제외하고는 실패해도 잃을 게 없는 도전이다. 오히려 경험치를 얻었기 때문에 다음 도전에서 성공 가능성을 높일 수 있다. 사업 확장과 변화에 사활을 거는 기업과 비교하면 콘텐츠 크리에이터는 부담 없이 확장을 꾀할 수 있다.

나는 은퇴할 때까지 글을 쓰며 사는 게 목표 중 하나다. 그러기 위해 글쓰기라는 분야 안에서 여러 가지 방향을 모색했다. 지금까지 쓴 두 편의 소설은 직업물로 장르로 따지면 현대 판타지 소설이다. 하지만 지금 준비하는 글은 '반지의 제왕'처럼 마법과 영웅이 나오는 판타지 소설이다. 주변에서는 내 문체가 현대 판타지에 어울린다며 이미 성공한 의학물을 다시 쓰라고 말한다. 수익성 측면에서도 의학물을 쓰는 소설가는 소수라서 성공할 가능성이 더 크다는 것이다. 맞는 말이다. 일반 판타지 소설의 결과가 어떻게 될지 나도 장담할 수 없다. 실패할 수도 있다. 경쟁도 심하고 독자층도 의학물보다는 다소 낮기 때문이다. 그렇지만 안정을 얻은 지금 도전하지 않으면 앞으로 도전할 기회는 없다고 생각했다. 평생 소설을 쓰기 위해서는 장르를 확장할 필요가 있다.

내가 이 책의 집필에 도전한 것도 콘텐츠 확장의 일환이다. 웹소설가라고 해서 소설만 쓰라는 법은 없다. 인지도가 높아지면 구독자가 늘어날 가능성이 있는 개인 방송과 달리 웹소설의 구매는 인지도와는 큰 상관이 없다. 소설이 재미가 없으면 아무리 유명해도 외면당하는 것이 웹소설 시장이다. 그럼에도 불구하고 자기계발서를 쓴 이유는 하고 싶은 말이 있었고 만약 출간된다면 다음에는 에세이와 일반 소설까지 글쓰기의 영역을 확장하기 위해서였다. 실패해도 상관없다. 잃는 건 없으니까.

209

PART 4

1인 크리에이터로
승부하라

당신이 잃을 것은 무엇인가? 시도해봐야 안다. 그렇지 않다면
당신이 그 일을 할 수 있다는 것을 알지 못한 채 살아갈 것이다.

-아나스타샤 소아레, '아나스타샤 비버리힐스' 설립자

세상에
쉬운 길은 없다

'장벽은 절실하게 원하지 않는 사람을 걸러내려고 존재한다.'
부디 랜디 포시 교수의 말처럼 당신의 목표가 절실하다면
어떤 시련이든 이겨낼 수 있다.

첫 소설의 연재를 마치고 퇴사한 직후 바로 다음 소설을 쓸 준
비를 했다. 첫 유료 소설이 상업적으로 성공을 거뒀고 작가로
살 수 있는 가능성을 보여줬지만, 불안감을 완전히 떨쳐 버리
지는 못했다. '원 히트 원더(one-hit wonder)'라는 말처럼 판타지 소
설 시장에서도 한 편의 소설을 성공시킨 뒤로 차기작이 잘 안
되는 작가가 부지기수다. 회사를 그만둘 때 주변에서 두 번째

소설까지 잘되면 그때 나가도 늦지 않다는 조언들을 많이 한 이유였다. 첫 유료 소설은 내가 실제로 경험한 영업이 소재였기 때문에 디테일하게 쓸 수 있었다. 하지만 앞으로 쓸 소설은 완전한 창작을 기반으로 써야 했기에 나 역시 걱정을 안 할 수가 없었다.

그런 불안함과 걱정 때문에 휴식 없이 소재를 잡고 집필에 몰두했다. 이미 회사는 나왔고 다시 직장인으로 돌아가고 싶지는 않았다. 내가 퇴사 전에 가졌던 확신이 옳았음을 증명하고도 싶었다. 그렇게 배수진을 치고 비장하게 글을 시작한 지 한 달 정도 지난 어느 날, 난 의자에 5분 이상 앉아 있을 수 없었다. 이유를 알 수 없었다. 의자에만 앉으면 사타구니를 중심으로 엉덩이 근육이 뻐근해졌다. 참을 수 없는 불편감과 함께 빈뇨와 같은 비뇨기과 증상까지 생겼다. 조금 쉬면 나아지겠지 생각하며 불안한 마음으로 휴식을 취했지만, 며칠이 지나도 증상은 전혀 호전되지 않았다.

만성 비세균성 전립선염. 병원에서 받은 진단명이었다. 다른 말로 만성 골반통증 증후군이라고도 부른다. 전립선염의 한 종류로 세균성과 달리 원인균이 검출되지 않고 정확한 원인을 알 수 없는 질병이다. 신경근 이상이나 자가면역질환, 스트레스 때문일 수도 있다고 하는데 인터넷을 검색해보니 나처럼 오랫동안 앉아 있는 남성에게서 자주 발생한다고 했다. 문제는 명확한 치료법이 없다는 사실이었다. 병원에서 처방해준 항생제와 소염제를 비롯해 약을 먹어도 전혀 차도가 없었다.

앉아 있기가 불편했지만 그렇다고 글을 안 쓸 수는 없었다. 서서 일할 수 있는 책상을 사고 글을 썼지만 그래도 통증이 생기자 좌식 책상을 샀다. 한동안은 통증이 없어서 안심했는데 양반다리 자세를 오래 유지하다 보니 이번에는 허리통증에 다리가 저리는 이상근 증후군이라는 처음 들어보는 증상까지 얻게 되었다. 재활의학과를 비롯해 비뇨기과와 한의원을 전전했지만, 어느 곳에서도 시원하게 효과를 보지 못했다.

빨리 글을 써야 한다는 부담감과 스트레스가 증상을 더 악화시키는 것 같았다. 글을 떠나 일상생활도 부자연스러워졌다. 이대로 영영 낫지 않을 것 같은 두려움에 나는 글에서 아예 손을 뗐다. 자주 스트레칭을 하고 산책을 하고 운동을 했다. 전립선에 안 좋다고 해서 술은 아예 끊어버렸다. 그렇게 글을 쓰지 않으면서 첫 소설로 번 수입을 까먹으며 7, 8개월을 흘려보냈다. 이렇게 힘든 길인 줄 알았다면 소설 쓰기를 시작하지 말걸

하는 생각도 여러 번 했다. 하고 싶은 일이 있는데 건강 때문에 하지 못하는, 정말 괴로운 상황이었다.

마음을 다스리며 휴식과 회복에만 집중하던 어느 날, 다행히 상태가 호전되기 시작했다. 다시 안 좋아질까 두렵기도 했지만, 조심스럽게 다시 글을 쓰기 시작했고 두 번째 소설 연재까지 큰 문제없이 끝낼 수 있었다. 지금 이 글을 쓰면서 되돌아보면 다시는 겪고 싶지 않은 고통과 불안의 시기였다. 사실 지금도 증상이 완전히 없어진 건 아니다. 무리해서 글을 쓰면 여전히 불편감이 저 밑에서 스멀스멀 올라온다. 그래도 큰 지장은 없어서 직업병으로 받아들인 채 살고 있다. 오히려 증상이 생기면 무리하지 말라는 신호로 받아들이고 휴식을 취하게 된 점은 평생 작가로 살고 싶은 나에게 큰 도움이 된다.

성공을 향해 달려가다 보면 장애물이 나타나기 마련이다. 장애물은 보통 예상보다 험난하고 극복하기가 쉽지 않다. 만만하면 시련이 아니기 때문이다. 많은 사람이 도전하고도 중도에 포기하는 이유이기도 하다. 그렇기 때문에 성공을 위해 노력하고 있다면 마음의 준비를 해야 한다. 더 좋은 방향은 미리 장애물의 높이를 낮추는 대비를 하는 것이다. 내 경우에는 건강이었지만 장애물 혹은 시련의 종류는 사람마다 다르다.

1. 돈: 홀로서기를 위해 1~2년 정도 버틸 수 있는 자금은 준비해야 한다.

세계 3대 신용 평가사로 불리는 무디스, 피치, 스탠다드 앤 푸어스는 국가나 기업, 금융 기관과 공공기관 등의 재무 사항이나 경제 환경 등을 평가해 신용 등급을 매긴다. 마찬가지로 개인 또한 주민등록증을 받는 만 17세가 되면 그 이후부터의 모든 신용거래가 자료화되어 쌓이고 정보가 모여 신용 등급이 매겨진다. 그렇다면 신용 등급을 떨어뜨리는 행위는 무엇일까? 대표적으로 대출, 할부(신용 카드), 현금 서비스다. 신용 등급을 높이려면 기본적으로 세 가지를 최소화해야 한다는 의미다.

갑자기 신용 등급을 올리라고 하니 이해가 되지 않을 것이다. 대놓고 돈 이야기를 하는 이유는 홀로서기를 방해하는 요소 중에 돈 문제가 차지하는 비중이 가장 크기 때문이다. 갖은 노력 끝에 하고 싶은 일을 찾았고, 가능성을 확인했지만 당장 월급에서 나가는 대출 이자와 할부금이 큰 비중을 차지한다면 현실적으로 회사를 그만두기는 힘들다. 월급이 목줄을 쥐고 있어서 일을 적당히 할 수도 없다. 심적으로도 시간적으로도 여유를 갖기가 힘들다.

신용 등급을 올리는 일은 오랜 시간이 걸린다. 당장 억 단위가 넘어가는 주택담보대출을 다 갚아버릴 수는 없다. 씀씀이를 한 번에 확 줄이기도 어렵다. 조금씩 천천히 갚고 줄이는 방법밖에 없다. 일단 해야 할 일은 나의 재정 상태를 파악하는 것이다. 내가 가진 자산 중에서 동산, 부동산은 각각 얼마인지, 부채는 얼마고 이자는 얼마인지, 정확하게 파악하고 시작점을 만들어야 한다. 월급은 매달 들어오지만, 돈이 안 모이는 이유를 알아야 한다. 어떤 일에 돈을 얼마나 지출하는지, 충동적인 지출은 없는지, 줄일 수 있는 부분은 어디인지를 알아야 한다. 노후 35년을 위해 회사에 다니는 20, 30년 동안 계속 아껴 쓰라는 말이 아니다. 홀로서기를 해야 할 그때를 위해 1, 2년 정도는 수입이 없더라도 버틸 수 있을 정도의 돈은 마련해야 한다는 말이다.

2. 가족: 자식은 꿈이라 말하고 부모는 현실이라 말린다.

미국에서는 대학교를 졸업하고 취직한 후에도 부모에게 얹혀사는 캥거루족이 3명 중 1명으로 빠르게 증가하는 추세다. 하지만 가족주의를 바탕으로 한 우리나라의 특별한 부모 자식 관계와 비교하면 미국의 상황은 양반으로 보인다. 아르바이트 포털 사이트인 알바몬이 2030세대 미혼 성인남녀 806명을 대상으로 벌인 '부모님으로부터의 독립 현황' 설문조사에서 응답자 중 76.1%가 현재 부모와 함께 사는 것으로 나타났다. 생활비 절약과 같은 경제적 이유가 가장 컸다. 한국노동패널 자료에 따르면 직장인 2명 중 1명은 부모로부터 금전적 지원을 받는다고도 했다.

이런 상황에서 어렵게 들어간 회사를 그만두고 자신의 길을 찾겠다고 하면 부모의 반응은 어떨까? 물론 자식의 선택을 존중하는 부모도 있다. 자신처럼 회사에 매몰된 삶을 사는 것을 원하지 않아 자식의 도전을 응원하는 부모를 만난다면 그 또한 행운이다. 하지만 안타깝게도 대부분 부모는 안정된 직장을 그만두는 자식의 선택을 이해하지 못한다.

체면을 중시하는 사회에서 자식의 성공과 자신의 성공을 동일시하는 우리나라의 부모에게 남들이 가지 않는 길을 굳이 찾아가겠다는 자식의 선택이 마음에 들 리 없다. 산업화 시대를 살아 밤낮없이 일하는 게 당연하고 IMF 사태를 겪으면서 안정이 무엇보다 중요해진 부모의 가치관을 바꾸기란 쉽지 않다.

부모로부터 도움만 받고 자기 멋대로 사는 양아치가 아닌 이상 부모의 마음을 상하게 하고 싶은 자식은 없다. 하지만 부모가 원하는 대로 살 수만도 없고 살아서도 안 된다. 홀로서기를 위한 가장 좋은 방법은 부모로부터 물리적, 경제적으로 독립하는 것이다. 부모가 장성한 자식의 삶에 관여하는 게 당연하게 여겨지는 사회에서 독립된 경제권마저 없다면 내 길을 가겠다는 주장은 공허한 구호일 뿐이다.

현실적으로 독립이 어렵다면 우선 부모로부터 이해받을 생각을 버려라. 우리는 삶에서 뭔가를 결정하면 부모가 이해해주고 지지해주기를 바란다. 만약 그렇지 않으면 짜증과 화가 난다. 오히려 반대하는 부모를 이해하려고 노력해라. 어차피 나만의 길을 가기로 했다면 부모와의 감정적 충돌을 최소화해야 한다. 분노 때문에 신경전달물질인 노르아드레날린이 분비되면 단기적으로는 집중력이 향상하지만, 장기적으로는 우울해지고 무기력해질 수 있다.

결혼했다면 설득해야 할 대상이 부모가 아니라 배우자가 될 수도 있다. 꿈을 찾아 자신의 길을 가겠다는 결심이 무책임하고 이기적으로 들리지 않으려면 신뢰를 줘야 한다. 배우자는 같이 고난을 겪을 사람이다. 단기적으로 봤을 때는 힘들 수 있어도 장기적으로 보면 좋다는 신뢰를 줘야 배우자의 도움을 받을 수 있다. 말로만 자신의 꿈에 관해서 이야기할 것이 아니라 직장 상사에게 프레젠테이션을 하는 것처럼 회사를 계속 다닐 수 없는 이유, 앞으로 하고 싶은 일, 그 일의 시장성 등을 배우자에게 자세히 설명해야 한다. 작더라도 성과가 있으면 더 좋다.

3. 마음의 소리: '남들도 다 그렇게 산다'라는 유혹을 경계해라.

홀로서기를 위해 노력하다 보면 포기하고 다 놓아버리고 싶은 순간이 분명히 온다. 열심히 노력해도 성과가 잘 나오지 않는다면 지치는 게 당연하다. 앤드류 매튜스가 그의 저서 『마음 가는 대로 해라』에서 소개한 씨앗의 법칙에 따르면 오늘 콩을 심으면 내일 돌아오는 건 젖은 콩이다. 성과가 나오려면 노력과 인내가 필요하지만, 사람들은 이 간단한 법칙을 자주 까먹

곤 한다.

회사에서 힘들게 일하고 퇴근 후 남들 다 쉴 때 책상에 앉아 손에 잡히지 않는 꿈과 씨름하는 일은 만만치 않다. 똑같은 월급을 받는 회사 동기는 딱히 걱정이 없어 보인다. 회사 욕하는 것은 매한가지지만 승진하기 위해 상사 비위도 맞추고 나름대로 일도 열심히 한다. 주말에는 지방으로 놀러 다니기 바쁘고 최근에는 할부로 수입차까지 샀다. 동기는 현재를 즐기면서 행복하게 사는 것 같다. 주변을 보면 동기뿐 아니라 다들 그렇게 사는 것 같은데 나라고 다르게 살아야 할 이유가 있을까?

시간이 지나도 노력의 성과는 안 보이고 아무 생각 없이 사는 동기가 행복해 보일 때 유혹의 목소리는 슬며시 머릿속을 파고들어 온다.

"평범하게 사는 것도 힘든 거야."
"뭐든지 중간만 하면 돼."
"취직하고 결혼하고 애 낳고 그게 인생이지."
"다들 그렇게 살아. 인생 별거 없어."

머릿속의 목소리는 실제 목소리가 되기도 한다. 자식이 힘들어하면 부모는 걱정하는 마음에서 이렇게 말한다. "내가 이 나이까지 살아보니까 잘난 사람도 못난 사람도 다 똑같다. 세 끼 밥 먹는 것도 같고 돈 많다고 더 행복한 것도 아니야." 일 끝나고 술 한잔하자는 동기 녀석도 말한다. "그냥 인생 즐기면 되지. 지금까지 죽어라 열심히 살았는데 무슨 부귀영화를 누리겠다고 그래. 쉬엄쉬엄해."

생각해보면 정말 그렇다. 퇴근 후에 동기와 술 한잔하거나 소파에 누워서 스마트폰과 TV 리모컨을 번갈아 사용해도 누가 뭐라고 할 사람은 없다. 당장 하루 쉰다고 삶이 어떻게 되는 것도 아니다.

종일 회사에서 일과 상사에게 시달리고 집에 와서 나만의 일을 하기 위해 책상에 앉으려면 명확한 목표와 의지력이 있어야 한다. 아무도 시키지 않는 일을 오로지 내가 발견한 가능성만 보고 매일 책상에 앉는 일은 극기 훈련이라고 해도 과언이 아니다. 그렇기에 머릿속에서 멈추지 않는 유혹의 목소리를 유독 이기기 힘든 날이 있다. 가끔 하루 정도는 유혹에 당해주자. 로봇이 아닌 이상 때때로 자신을 의심할 수도 있고 그냥 쉬고 싶을 때도 있는 게 당연하다. 단, 이틀 연속은 쉬지 마라. 쉬는 게 몸에 익숙해지면 다시 책상에 앉는 일은 점점 어려워진다.

누군가 작심삼일도 모이면 1년이 된다고 했다. 3일 노력하면 하루 쉬어도 된다. 다음 날부터 또다시 3일 노력하면 된다. 하루 쉬었다고, 계획표대로 안 했다고 자신을 탓하지 마라. 나도 의지가 강한 사람은 아니다. 하지만 원하는 삶이 있었기에 명확한 목표를 가질 수 있었고 작심삼일을 계속 이어갈 수 있었다.

'다들 그렇게 산다. 인생 별거 없다'라고 말하는 사람에게는 미안하지만, 인생에는 별 게 있다. '저 포도는 실 거야'라고 말하는 여우처럼 그들은 그저 가보지 못한 길을 마치 가본 사람처럼 말하는 것뿐이다.

쉽지 않지만, 할 수 있다.

장벽이 서 있는 것은 가로막기 위함이 아니라 우리가 얼마나 간절히 원하는지 보여줄 기회를 주기 위해서 거기 서 있는 것이다.

46세의 젊은 나이에 췌장암으로 사망한 카네기멜론대학교의 랜디 포시 교수는 그의 마지막 강의에서 말했다. 그의 삶은 시련의 연속이었다. 진학하고자 하는 대학이 있었지만 가지 못했고 박사과정도 서류에서 떨어졌다. 졸업 후 어릴 적부터 꿈이었던 디즈니 이매지니어로 일하고 싶었지만, 디즈니의 거절로 이뤄지지 않았다. 하지만 그는 장벽이 나타날 때마다 포기하지 않았다. 결국은 자신이 원하던 브라운대학교에 진학했다. 카네기멜론대학교에서는 박사학위를 받아 종신교수가 되었다. 디즈니 이매지니어가 되고 싶었던 꿈도 교수가 되어 진행한 프로젝트를 통해 이뤄냈다.

홀로서기는 쉽지 않다. 남들이 가지 않는 길을 가는 만큼 시련은 장벽이 되어 앞을 가로막을 것이다. 앞에서 말한 경우처럼 부모나 가족의 반대가 심할 수도 있고 스스로 내적인 확신이 흔들릴 수도 있다. 정규직을 성공으로 여기는 사회에서 프리랜서라는 비정규직을 바라보는 동정 섞인 시선을 견디지 못할 수도 있다. 나의 경우처럼 뜬금없이 건강이 발목을 잡을 수도 있고 대출과 할부 같은 돈 문제가 홀로서기를 가로막을 가능성도 크다. 그렇다고 미리 겁을 먹으라는 건 아니다. 어떤 종류든 시련이 오리라는 사실을 받아들이고 마음의 준비를 하라는 말이다. 당신이 원하는 목표가 분명히 있다면 어떤 시련이든 충분히 극복해낼 수 있다.

자신이 하고 싶은 일에
최선을 다해라

많은 젊은이들이 말한다. '이생망.' 이번 생은 망했다고.
그런데 어차피 망했다고 생각하면 두려울 게 뭐가 있나.
한 번 하고 싶은 일에 부딪쳐보자.

"요즘 토익 만점은 뭐, '나 눈 두 개 달렸소' 하는 것과 같지."

겸손도 아니었고 농담도 아니었다. 그것은 하나의 풍경을 있는 그
대로 말한 것이었다. 그래서 더욱 가슴을 쩡 울렸다. 내가 한국을 떠나
기 한 달 전의 일이었다.

토익 만점을 받은 친구는 취직에 성공했고, 소나타 신형을 뽑았
다. 주말이면 여자애를 태우고 가평 펜션으로 놀러 갔다. 나는 주말에

무엇을 했던가. 구립도서관에서 토익 실전문제집을 풀었다. 직장, 여자, 소나타 신형. 내겐 그런 달콤한 것들이 없었다. 토익을 590점 맞는 한 앞으로도 없을 것이다.

취업 시즌이 완전히 끝난 올해 봄. 나는 서류전형 한 번 통과해보지 못하고 시즌을 접었다. '지원자격: 토익 800점 이상'이라는 문구에서 나는 이런 목소리를 들었다.

"넌 꺼져."

그래서 난 꺼지기로 했다. 뉴욕으로, 런던으로, 토론토로 꺼지고 싶었지만, 비행기 삯이 너무 비싸서 그곳들은 포기했다.

나는 비교적 가까운 호주를 골랐다. 호주는 날씨가 따뜻한 데다 황량한 땅이 많아 마음에 들었다. 노숙하기 딱 좋다고 생각했다. 수중에 돈이 없으므로 어학연수 중에 국제 부랑자가 될 가능성이 아주 높았다.

노숙하기에 좋은 나라인가.

이것이 내 어학연수여행의 첫째 조건이었다.

-심재천, 『나의 토익만점 수기』

학점, 영어 점수, 해외 연수, 공모전 수상, 자격증, 인턴 경력. 요즘 대학생들은 단군 이래 최고 스펙을 가졌다고 한다. 나열한 모든 스펙을 갖추려면 어느 정도의 노력이 필요할지 가늠조차 하기 어렵다. 무서운 건 각고의 노력 끝에 엄청난 스펙을 가지고 있어도 취업 시장에서 '기본' 정도로 취급받는 현실이다. 너도 나도 토익 점수에 목숨 거는 딱한 현실을 소설로 풀어낸 『나의 토익만점 수기』에서 만점을 받은 친구와 590점이 최고점인 주인공의 대화에 토익 만점을 위해 어떤 노력까지 할 수 있는지 잘 드러나 있다. 소설이다 보니 과장은 되어 있지만, 토익과 같은 스펙을 위해서라면 노숙자가 되어도 좋다는 각오를 할 정도다.

공무원 시험을 준비하는 44만 명의 공시생 중 절반은 하루 평균 10시간 이상을 공부한다고 한다. 먹고 자는 시간 외에는 공부만 한다는 소리다. 그럼에도 불구하고 합격률은 2%가 채 안 된다. 직장인이라고 크게 다르지 않다. 업무 효율을 떠나 OECD 38개국 중 우리나라 직장인처럼 연평균 2,000시간 이상 일하는 국가는 멕시코, 코스타리카, 그리스에 불과하다. 하루 평균 2시간 정도를 만석 버스와 지하철 안에서 출퇴근하며 먹고살기 위해 회사에서 하루 대부분을 보낸다. 많은 부모 세대가 젊은 세대를 보며 노력이 부족하다고 말하지만 노력은 전혀 부족하지 않다. 오히려 차고도 넘칠 정도다.

그렇다면 도대체 뭐가 문제일까? 열심히 노력하는데 취업은 힘들고 취업해도 삶이 만족스럽지 않은 이유는 단지 사회적 문제일 뿐일까?

당신은 목적지를 향해 달리고 있는가?

중국 전국시대에 계량이라는 사람이 남쪽 초나라로 간다는 한 노인이 반대인 북쪽길로 수레를 모는 것을 보고, 그 길은 반대쪽이라 알려주었다. 하지만 노인은 걱정하지 말라며 자기에겐 훌륭한 명마가 있다고 말했다. 계량이 그래도 그 길은 잘못되었다고 재차, 삼차 말해도 노인은 여비도 충분하고 수레를 잘 모는 마부도 있으니 염려할 게 없다고 고집을 부리며 계속 북쪽으로 향했다고 한다. 계량은 이 이야기를 하며 위나라 왕에게 말했다.

"초나라로 간다는 이 사람은 비록 잘 달리는 말, 충분한 여비, 출중한 마부가 있다 한들 방향이 틀렸으니 영원히 초나라에 도착할 수 없을 것입니다. 오히려 말이 좋을수록, 여비가 많을수록, 마부가 수레를 잘 몰수록 초나라와는 더욱 멀어지게 될 것입니다."

남원북철(南轅北轍)이라는 사자성어의 유래가 된 이 이야기에서 방향의 중요성을 잘 알 수 있다. 출발하기 전 방향을 정확히 알아야만 노력도 빛을 발한다.

안정이 최고의 가치라고 생각한다면 경쟁이 치열하더라도 공무원을 지원하는 게 맞다. 어딘가에 소속된 채로 일하는 것을 선호한다면 힘들어도 회사에서 버티는 것이 정답일 수 있다. 내가 어떤 사람인지, 어떤 삶을 원하는지 정확히 알고 노력의 방향을 설정했다면 상황이 녹록치 않아도 계속 노력하면 된다. 문제는 자신이 뭘 원하는지 모른 채 남들이 가는 길이라 무작정 따라가는 경우다.

성공하고 싶은가? 부자가 되고 싶은가? 삶에서 여유를 느끼고 싶은가? 자유롭게 살고 싶은가? 질문에 대한 대답이 '예스'라면 취업하기 위한 노력과 직장인으로 계속 남고자 하는 노력은 방향이 잘못된 것이다. 대부분 직장인의 삶은 위의 질문 중 어느 것도 충족시키지 못한다. 안타까운 점은 사람들의 모습이 남쪽으로 가길 원하면서 북쪽으로 수레를 모는 노인과 비슷하다는 것이다. 전 세계적으로 우리나라 사람만큼 교육열이 높고 성실하면서 근면한 사람들을 찾기 힘들다. 그만큼 열심히 노력해왔고 잘못된 방향으로 이동한 거리도 상당히 길 수밖에 없다. 그런 사람들에게 이제 와서 방향이 잘못되었다고 말하면 마차를 돌릴 수 있을까? 아니면 지금까지의 노력과 쌓아온 스펙이 아까워서라도 가던 길을 계속 갈까? 대부분은 노력의 배신에 울부짖는 일이 있더라도 관성을 이기지 못하고 가던 방향으로 계속 간다.

첫 직장을 그만둘 무렵 나에게는 세 가지 옵션이 있었다.

첫 번째는 월급은 적지만 시간은 많은 직장으로의 이직, 두 번째는 대학원 진학, 세 번째는 호주 이민이었다. 이직할 회사는 이미 합격한 상태였고, 대학원은 그전에 교수님과 면담을 끝내고 정원이 있다는 이야기를 들은 상태여서 둘 다 현실적인 옵션이었다. 하지만 마음속으로 가장 끌린 것은 호주 이민이었다. 그 당시 호주에 일손이 부족해 영어가 가능한 용접공이면 연봉 1억 원 이상도 받을 수 있다는 인터뷰 기사가 실리곤 했다. 대학교 때 다녀왔던 호주 워킹홀리데이에서 좋은 추억이 많았고 내가 원하던 자유로운 삶을 살 수 있을 것 같아서 심각하게 고민했다. 결론적으로 내가 선택한 옵션은 이직이었다. 호주 이민을 포기한 것은 다른 이유도 많았지만 스펙이 결정적이었다. 다 포기하고 떠나기에는 10년을 고생해서 취득한 수의사 면허가 아까웠다. 마치 이야기 속의 노인처럼 난 마차의 방향을 돌리지 못했다. 어쩌면 5년 뒤 다시 한 번 기회가 왔을 때, 미련 없이 지금까지 쌓아온 스펙을 버릴 수 있었던 건 후회로 남은 그때의 경험이 있어서인지도 모른다.

배의 키를 돌릴 수 있는 사람은 자신뿐이다.

가끔 텔레비전에서 볼 수 있는 공시생들의 하루를 보면 대단하다는 생각과 안타까운 마음이 동시에 든다. 공무원 시험에 매달릴 수밖에 없는 상황이 안타깝다는 말이 아니다. 강의 시간에 좋은 자리를 잡기 위해 새벽같이 일어나 줄을 서고 먹는 시간, 자는 시간 아껴가며 공부하는 노력과 정신력이라면 어떤 일에서도 성공할 수 있기 때문이다. 하루에 열 시간 이상 좋은 콘텐츠를 만들기 위해 집중해서 노력한다고 생각해보자. 2%의 합격률과는 비교할 수 없을 정도의 확률로 성공할 가능성이 크다.

많은 사람이 자신에게 선택권이 없다고 말하지만, 윌리엄 E.

헨리의 시 〈인빅터스〉의 마지막 문장처럼 나는 내 영혼의 선장이다. 배의 키를 잡은 사람은 다른 누구도 아닌 자신이다. 지금까지 해온 노력이 아까울 수 있다. 남들이 가지 않는 길을 갔다가 사회에서 낙오될까봐 두려울 수도 있다. 하지만 지금 당신의 삶이 불만족스럽다면 노력해도 안 된다고 좌절하기 전에 내가 뭘 원하는지, 올바른 방향으로 가고 있는지부터 확인해보자. 당신은 이미 노력하고 있다. 이제 할 일은 노력의 방향을 돌리는 것이다.

"

성공하고 싶은가? 부자가 되고 싶은가? 삶에서
여유를 느끼고 싶은가? 자유롭게 살고 싶은가?
당신의 대답이 '예스'라면 취업하기 위한 노력
과 직장인으로 계속 남고자 하는 노력은 방향
이 잘못된 것이다.

"

창의력은 삶을 대하는
태도에서 나온다

창의력은 누구에게나 있다. 사용할 기회가 없어
사용하지 않을 뿐이다. 창의력은 기를 수 있다.
기를 필요가 없어서 기르지 않을 뿐이다.

소설가로 전업한 후 지인들과 통화할 때 자주 듣는 말이 있다. 어디서 스토리가 그렇게 떠오르냐는 질문이다. 지금까지 쓴 소설을 분량으로 따지면 판타지 소설 단행본 기준으로 19권 정도가 되니 궁금할 만도 하다. 반복 작업에 익숙해진 사람에게는 뭔가를 창조하는 일이 낯설게 느껴질 수밖에 없다.

콘텐츠가 핵심인 1인 지식 창업가 또는 콘텐츠 크리에이터에게 창의력은 매우 중요한 요소 중 하나다. 시장성 등 따져봐야 할 요소는 많지만, 일단 남들과 다른 관점에서 문제를 바라보고 독특한 해결책을 내놓으면 훌륭한 콘텐츠의 기본 조건을 갖추게 된다. 창의력을 어떻게 하면 키울 수 있을까?

요즘 부모들은 아이의 창의력 향상에 관심이 많다고 한다. 미래 사회에서의 핵심 인재가 로봇이나 인공지능이 못 하는 일을 할 수 있는 사람이기 때문이다. 그럼 창의력은 어렸을 때부터 길러야 하는 걸까? 성인이 된 후에는 창의력을 기르는 게 불가능한 걸까? 창의력이 타고난 능력이 아니라는 건 많은 사람이 알고 있다. 지능이 높으면 창의력에도 도움이 되겠지만, 반대로 지능이 낮다고 해서 창의력이 낮은 건 아니다. 심리학자 루이스 터먼(Lewis Terman)의 영재 연구에서 아이큐(IQ) 140 이상인 1,500명을 추적 연구한 결과 세상을 변화시킨 창의적 인물은 거의 없었다고 한다. 이처럼 창의력이 후천적인 능력임에도 성인이 되어서 창의력을 기르기 위해 노력하는 사람은 거의 없다. 어쩌면 성인이 된 자신을 창의적인 사람이 아니라고 서둘러 결론지었기 때문일지도 모른다. 하지만 소설가인 서머싯 몸은 상상력은 훈련으로 성장한다고 말하며 일반적인 믿음과 달리 젊은 사람보다 나이 든 사람의 상상력이 더 풍부하다고 했다.

나 역시 본격적으로 소설을 쓰기 전, 34년 동안 내가 특별히 창의적인 사람이라고 생각한 적은 없었다. 돌이켜보면 대학교나 직장에서 창의성을 발휘할 일이 딱히 없었다. 그런데 지금은 단 몇 년 만에 19권 분량의 이야기를 만들어낸 창의적인 사람으로 불리고 있다. 어떻게 해서 그렇게 된 걸까? 중요한 사실은 창의력은 근육처럼 노력으로 키울 수 있다는 것이다. 그리고 어쩌면 자신도 몰랐던 창의력이 이미 내 안에 숨어 있을지도 모른다.

창의력도 근육처럼 노력하면 커진다.

살아온 발자취를 더듬어가며 내 창의력이 어디서 왔을까 생각해본 적이 있다. 과학 교실에 잠깐 다니기는 했지만, 그다지 관심이 없었다. 그렇다고 문학이나 다른 분야에 호기심이 강한 아이도 아니었다. 게임을 좋아해서 주말이면 새벽 5시에 일어나 동생과 콘솔 게임기 쟁탈전을 벌이기는 했지만, 역시 또래 아이와 비교하면 특별난 모습은 아니었다.

창의력의 실마리를 잡은 건 '세상을 바꾼 천재들, 어릴 적

월드플레이(world-play, 상상놀이) 즐겼다'라는 제목의 신문 기사였다.
베스트셀러『생각의 탄생』의 공동 저자인 미셸 루트번스타인
은 세상을 바꾼 천재들을 연구하다 재미있는 공통점을 발견했
다. 그것은 바로 어린 시절 가상 세계를 창조한 경험이 있다는
점이었다. 그녀는 머릿속으로 가상 세계를 창조해 그 안에서
이런저런 캐릭터와 풍경, 이야기를 만드는 상상 놀이인 월드플
레이가 창의력의 원천이라고 주장했다. 나는 기사를 읽으며 무
릎을 쳤다. 바로 내 이야기였다. 돌이켜보면 난 공상을 좋아하
는 아이였다. 공부한다고 방에 들어가 책상에 앉으면 책을 펴
놓은 채 한 시간 넘게 이런저런 공상을 했다. 기억이 잘 나지는
않지만, 판타지 세계를 만들어놓고 주인공이 되어 모험을 떠나
기도 했고 좋아했던 애니메이션의 주인공 중 한 명이 되어서
악당을 함께 무찌르곤 했다.

보통 부모들은 아이가 멍하니 있으면 헛된 공상 그만하고
공부하라는 말을 한다. 그런데 생각해보면 우리가 지금 사용하
는 많은 물건은 헛된 공상에서 탄생했다.『해저 2만리』를 비롯
한 주옥같은 공상과학 소설의 작가인 쥘 베른은 19세기 중반
에 쓴 소설에서 원자력 잠수함, 달로 가는 로켓, 헬리콥터, 영

상통화 등을 그려냈다. 그가 사망하고 50년이 지나서 미국에서는 최초의 원자력 잠수함 진수식이 열렸다. 세계 최초로 북극 빙원 밑을 통과한 이 잠수함의 이름은 '노틸러스'호다. 쥘 베른의 『해저 2만리』에 나오는 잠수함의 이름이었다. 그로부터 15년이 지난 1969년, 아폴로 11호가 달에 착륙했다. 아무도 달에 사람이 갈 수 있을 거라고 생각하지 않았던 100년 전, 프랑스에 살던 쥘 베른은 『지구에서 달까지』에서 달로 가는 로켓을 그린 것이다.

루트번스타인은 월드플레이라는 낯선 단어로 설명했지만 간단하게 말하면 '공상'을 많이 하면 창의력이 높아질 수 있다. 캘리포니아대학교 연구팀은 실험을 통해 공상에 빠지는 것과 창의적 문제 해결력 간에 상관관계가 있다는 걸 확인했고 독일 맥스플랑크연구소에서는 공상에 빠지는 것이 한 번에 여러 가지를 생각할 수 있는 능력을 증진시킨다고 했다.

창의력은 태도다.

공상을 많이 안 해봤다고 실망할 필요는 없다. 창의력을 키울 방법은 월드플레이뿐만이 아니다. 가장 간단한 방법으로는 일하는 공간을 바꾸는 것만으로 창의력을 높일 수 있다. 미네소타대학교 마이어스 레비 교수는 천장 높이가 다른 각 방에 학생 50명씩 들어가게 하는 실험을 했다. 방에는 창의성 문제지가 놓여 있었다. 학생들의 답안지를 확인한 레비 교수는 깜짝 놀랐다. 천장이 높은 방에 있었던 학생들이 평균 25%나 더 많은 창의적 답을 내놓았기 때문이다. 공간의 크기와 창의력이 관계가 있다면 창문의 유무는 영향을 미칠까? 캘리포니아 에너지위원회가 미국 초등학생 2만 1,000명을 대상으로 조사해본 결과는 창문이 넓은 교실에서 공부하는 학생들의 성적이 더 높았다. 일부 학교들은 큰 창문으로 바꾸도록 했더니 1년 만에 수학 성적은 20%, 읽기 성적은 26%나 높아졌다. 캔자스대학교 심리학자 루스 애철리는 60대까지의 성인을 대상으로 창의력 시험을 치도록 해봤다. 그 결과 휴대폰, 태블릿, 인터넷이 없는 넓은 자연 속에서 사흘 이상 지내면 모든 연령층에 걸쳐 창의성이 50%나 급증하는 것으로 나타났다.

자연과 자주 접하고 창이 있는 넓은 공간에서 사고를 제한할 수 있는 인터넷과 스마트폰을 멀리하면 창의력을 높일 수 있다. 하지만 직장에서는 창문은커녕 자리조차 마음대로 정할 수 없다. 주변에 산책할 수 있는 공원이라도 있으면 다행이겠지만, 한 시간이 아까운 직장인에게 산책할 만한 여유가 있을까? 홀로 일하기가 창의력을 높이는 데 유리한 이유는 누구의 간섭 없이 업무 환경을 선택할 수 있기 때문이다.

물론 창의력이 높아지는 공간에 앉아 있는 것만으로 독창적인 아이디어가 샘솟는 건 아니다. 업무 환경을 바꾸는 게 쉬운 단계라면 어려운 단계도 있다. 바로 '도전하는 일상의 반복'이다. 도전과 일상의 반복. 둘 다 그다지 호감 가는 단어가 아니다. 합쳐놓기까지 했으니 더욱 거부감이 들 만하다. 우리는 흔히 창의력을 지능의 한 종류로 생각해 따로 키울 방법에만 집중해왔다. 하지만 방법보다 중요한 건 삶을 대하는 태도다. 도전하고 변화하고자 하는 마음으로 일을 하면 창의력은 자연스럽게 길러진다. 아리스토텔레스는 반복적으로 무엇을 하느냐가 우리를 결정한다고 했다. 즉, 탁월함은 행위가 아니라 습관이라고 했다. 작가이자 화가인 황주리 선생은 창조란 천재성이나 타고난 재능보다는 일상의 성실함에서 나온다고 말한다. 그녀는 매일 오후 2시에서 새벽 2시까지 10시간가량 그림을 그린다. 직장에 출퇴근하듯이 시간을 지킨다. 작가의 영감은 매일매일 몰입하여 쌓인 내공에 의해 발현된다는 사실을 그녀는 몸소 보여주고 있다.

　나는 여전히 공상을 많이 한다. 지금도 자기 전에 침대에 누워 이런저런 공상을 한다. 음주운전으로 한 가정을 파탄 냈지만, 집행유예로 풀려나는 답답한 현실을 나만의 이야기로 만들어 단죄하는 등의 공상은 소설에서 에피소드를 만들 때 소재로 사용하기도 한다.

　내가 글을 쓰는 방에서는 널찍한 창을 통해 푸른 산을 볼 수 있다. 하루에 한 번은 하천을 따라 걷기도 하고 뒷산 산책길을 꼭 걷는다. 하지만 나의 창의력의 원천은 일상이다. 황주리 선생처럼 출퇴근하듯이 매일 반복되는 글쓰기를 통해 스토리를 생각하고 몰입하는 시간이 모여 19권의 단행본이 되었다. 차이는 있을 수 있겠지만, 창의력은 특별한 사람에게만 있는 능력이 아니다. 내가 뭔가를 창조할 수 있다고 믿고 창의력을 발휘해야 하는 일상을 반복하다 보면 당신도 언젠가부터 크리에이터라 불릴 것이다.

프로가 되려면
무조건 열심히는 소용없다

자신의 콘텐츠로 먹고살 수 있는 프로가 되고 싶다면
'의식적인 연습'이 중요하다.
바보들은 노력만 하고 프로는 노력의 방향과 질을 고민한다.

TV 예능 프로그램 중에서 〈백종원의 골목식당〉을 즐겨 본다. 백종원 씨가 침체되어 있는 골목 상권 식당에 맞춤 솔로션을 제공해 도움을 주는 내용이다. 처음에는 백종원 씨의 냉철한 현실 진단에 식당 사장들이 반발하지만, 점차 도움을 받아들이면서 변해가는 게 흥미 포인트다. 특히 열심히 노력은 하는데 매출이 영 신통치 않은 식당 사장이 백종원 씨의 솔루션을 통해 앞으로의 가능성을 발견할 때는 시청자로서 쾌감마저 느껴진다.

다른 분야에서도 방송에 나오는 식당처럼 열심히 노력하지만 결과가 나오지 않는 경우가 많다. 웹소설 시장만 해도 매일 꾸준히 글을 올려도 독자들에게 외면 받는 작가가 부지기수다. 작가마다 글 쓰는 속도가 다르다 해도 매일 5천 자 이상의 글을 올리는 건 쉽지 않은 일이다. 게다가 소설로 들어오는 수입이 충분하지 않거나 아예 없다면 다른 일과 병행해야 하는데 꾸준히 글을 올린다는 건 웬만한 의지와 노력이 아니면 불가능하다.

왜 열심히 노력하는데 누구는 엄청난 돈을 벌고 누구는 취미로 끝이 날까?

사이드 프로젝트를 통해 처음으로 소설을 플랫폼에 올리고 완결을 지었지만, 한동안은 막막했다. '도대체 뭐가 부족했을까'라는 생각이 머릿속에서 떠나지 않았다. 노력이 부족했을까? 한 달 평균을 30일로 잡고 하루 5시간 정도, 10개월 동안 글을 썼으니까 1,500시간을 노력한 셈이었다. 1만 시간 노력하면 한 분야에서 최고 수준이 될 수 있다는 '1만 시간의 법칙'에 따라 8,500시간이 부족했기 때문이었을까? '재능이 없는 걸까?'라는 생각도 자연스럽게 들었다. 글을 쓰면서 다른 작가의 소설을 틈틈이 봤다. 같은 초보 작가인데도 기가 막히게 글을 잘 쓰는 사람을 보면 재능에 대한 고민을 안 할 수가 없었다. 국문학 전공자로 보일 정도로 물 흐르는 듯한 전개와 유려한 문장을 보고 있으면 이과 출신에 일기조차 제대로 쓴 적이 없는 내 도전이 무모하게 느껴졌다.

포기하고 다른 분야로 넘어갈 생각도 해봤다. 하지만 첫 번째 소설을 쓰면서 비록 소수지만, 독자들과 글로 교감한 짜릿한 감정은 살면서 처음 느껴본 것이었다. 바로 글을 쓰는 대신 장르문학 플랫폼에서 유료 연재 1위부터 20위까지의 글을 정독했다. 글솜씨가 너무 좋아서 도저히 이렇게는 못 쓸 것 같다는 생각이 들면 과감하게 접을 생각이었다. 하지만 몇몇 작품을 제외하고 머릿속에 든 생각은 '이 정도면 나도 쓸 수 있겠는데'였다. 글을 국문학 전공자처럼 잘 써야만 인기가 있는 건 아니었다. 흥미로운 스토리와 캐릭터를 통해 독자의 가슴을 뜨겁게 만드는 소설은 문장이 투박하고 전개가 부드럽지 않아도 일정 수준 이상의 인기를 끌었다.

재능에 대한 열등감을 접고 완결과 유료 연재라는 첫 소설의 목표를 조금 더 구체화하였다. 내가 쓰고 싶은 글을 쓰는 것보다는 더 많은 독자가 내 소설을 읽어주는 것. 문피아 플랫폼에서는 선호작과 조회수라는 수치로 독자 수를 파악할 수 있었다. 선호작 만 명. 객관적으로 평가받을 수 있는 구체적인 목표를 잡고 이번에는 인기작들의 세밀한 분석에 들어갔다. 어떤 장르가 인기가 많은지, 주인공 캐릭터는 어떤 성격이어야 독자들이 답답해하지 않는지, 어떤 식으로 써야 독자의 마음을 건드릴 수 있는지, 문장의 길이는 어느 정도가 적당한지 등 인기 작품을 살펴보며 하나하나 분석했다.

분석한 내용을 토대로 주제를 잡고 머릿속에서 나오는 대로가 아닌 분석한 내용을 의식하며 글을 썼다. 평생 써오던 문체와 결별이 잘되지 않았지만, 묘사를 들어내고 문장을 짧게 정리하자 점점 가독성이 중요한 웹소설다운 문장이 만들어졌다. 몇 편의 글을 비축한 후, 플랫폼에 한 편씩 올리기 시작했다. 기간을 따져보니 1년 만의 연재였다. 다음 글을 쓰기 위해 조급하게 달려들지 않은 자신을 칭찬하며 반응을 살폈다.

확실히 초반 반응은 첫 번째 소설보다 훨씬 좋았다. 5화밖에 글을 올리지 않았는데도 조회수는 물론이고 고정 독자를 의미하는 선호작 숫자도 하루가 다르게 늘어갔다. 하지만 회차가 늘어갈수록 조바심이 났다. 유료 연재가 될 수 있을 정도의 반응은 아니었기 때문이다. 실망감을 추스르고 그래도 계속해서 글을 올렸다. 이야기를 시작한 이상 지금까지 읽어준 독자를 위해서라도 중도에 멈출 수는 없었다. 그리고 얼마 지나지 않아 난 작가 매니지먼트사로부터 처음으로 쪽지를 받았다.

똑같은 노력을 무작정 반복해서는 발전할 수 없다.

헛된 노력이 아니었고 가능성을 인정받았다는 사실만으로도 뛸 듯이 기뻤다. 연락이 온 제이플미디어 매니지먼트사는 신생 회사였는데, 대표와 미팅 후 나는 망설임 없이 계약서에 사인했다. 여러 가지 이유와 함께 대표님의 경력이 선택을 내리는 데 결정적이었다. 그는 회사를 차리기 전 파피루스 출판사 편집장으로 오랜 기간 근무한 경력이 있었다. 파피루스는 대학교 때 즐겨보던 소설을 다수 출판한 대표적인 장르문학 출판사였다. 그런 곳에서 오랫동안 작가들과 함께 일하고 글을 편집했다면 나의 부족한 점을 알려줄 수 있을 것 같았다.

계약을 마치고 원래 쓰던 글을 독자들께 양해를 구하고 사이트에서 내렸다. 초반 몇 화만 빼놓고 글을 새롭게 다시 써야 했다. 편집자인 대표에게 확인받기 위해 글을 써서 보내는 것은 혼자 글을 쓸 때와는 완전히 달랐다. 전반적인 스토리는 나에게 맡겼지만, 대표는 어떻게 써야 초반에 독자들의 시선을 잡고 대리만족을 느끼게 하는지 그 노하우를 아낌없이 가르쳐주었다. 장르문학 소설을 쓰는 전반적인 방법을 배운 셈이었다. 그렇게 대표에게는 편집이었지만, 나로서는 코칭을 받으며 계속해서 연재했고 자연스럽게 반복 연습이 되면서 독자들이 원하는 글을 쓸 수 있는 방식을 몸에 익힐 수 있었다.

1만 시간의 재발견.

안데르스 에릭슨과 로버트 폴이 쓴 『1만 시간의 재발견』은 '의식적인 연습'을 강조한다. 노력하는 시간보다 방법과 질이 중요하다는 것이다. 단순한 반복이 아니라 의식적인 연습은 '집중(focus)'과 '피드백(feedback)', '수정하기(fix it)'로 요약된다. 내 이야기는 '1만 시간의 법칙' 이론의 창시자인 에릭슨의 주장을 뒷받침하는 하나의 사례다.

제이플미디어와 계약한 『영업사원 김유빈』은 유료 전환에 성공해 신입 작가의 소설로는 준수한 성적을 냈다. 그 후 두 번째로 유료 연재한『퍼펙트 써전』은 이전의 집필 경험과 노력의 시간이 쌓이면서 더 좋은 성과를 냈다. 만약 원래 쓰던 방식을 고집했다면, 1만 시간을 노력으로 채웠어도 벌어지지 않을 일이었다.

콘텐츠 크리에이터로 성공하기 위해서는 명확한 목표를 가지고 의식적인 노력을 해야 한다. 계속해서 시장과 선두 주자를 분석하고 파악하는 건 기본이고 콘텐츠를 만들 때 고객의 마음을 어떻게 움직일지 항상 생각해야 한다. 성공 공식은 웹소설 분야에만 국한된 내용이 아니다. 아마추어는 내가 하고 싶고 만들고 싶고 편하게 할 수 있는 콘텐츠만 열심히 만든다. 자기만족이라고 하면 할 말이 없지만, 내 콘텐츠를 누군가에게 팔고 싶다면 무작정 노력해서는 안 된다.

문피아 사이트에 가보면 무료 연재를 하는 작가들이 수두룩하다. 그중에는 새로 글을 쓰는 사람도 많지만, 자신의 스타일대로 계속해서 글을 쓰는 사람도 적지 않다. 유료 연재가 목표가 아니라면 상관없다. 하지만 그게 아니라면『1만 시간의 재발견』에서 말하는 익숙하고 편안한 상황인 '컴포트 존(comfort zone)'에서 벗어나야 한다. 유튜브에 영상을 올리는 콘텐츠 크리에이터도 마찬가지다. 아무리 영상을 올려도 반응이 없다면 자신의 방식을 고집해서는 안 된다. 시장은 냉정하다. 〈백종원의 골목식당〉에서 강조하듯 주인의 입에만 맛있는 음식을 만드는 식당은 도태될 수밖에 없다.

재능보다
그릿이다

어떤 분야든 상위 10%만 돈을 번다는 통계를 보고
속단하지 말자. 통계를 믿었다면 난 아무런 도전도
못 했을 것이고 지금까지 직장인에 머물렀을 것이다.

얼마 전 차를 타고 가다가 라디오에서 재미난 사연을 들었다.
사연의 주인공은 주부였다. 추리소설을 좋아하고 많이 읽어서
이제는 도입부만 봐도 범인이 누군지 알 것 같다는 이야기로
사연이 시작되었다. 그녀는 추리소설의 인물 소개와 이야기 전
개 방식이 거의 대동소이해서 이 정도면 자기도 쓸 수 있겠다
고 생각했다. 그녀는 자신만만하게 소설 집필에 들어갔다. 하

지만 두 줄을 쓰고 아무리 용을 써도 더는 진도가 나가지 않자 '소설은 아무나 쓰나'라는 한탄과 함께 그녀는 조용히 펜을 내려놓았다고 했다. 소설 쓰기는 접었지만, 추리소설 덕분에 남편이 비자금을 아무리 깊숙이 숨겨 놓아도 어렵지 않게 찾아낸다는 재미난 이야기로 사연은 마무리되었다.

직장인에서 전업 소설가가 된 이후에, 주변에서 가장 많이 들은 말 중 하나가 '글재주'였다. 한마디로 글 쓰는 재능이 있어서 소설가가 될 수 있었다는 의미였다. 한동안 나도 그런 줄 알았다. 아버지는 신문 기자셨고 어머니도 잡지에 몇 년 동안 심리 상담 관련 칼럼을 기고하셨으니 재능을 이어받았다고 생각하는 게 논리적이었다. 그런데 왠지 억울했다.

잘 풀렸으면 됐지, 원인이 뭐가 중요하냐고 말할 수도 있겠지만 나에게 이 문제는 반드시 풀고 싶은 미스터리였다. 7년 동안 평범한 직장인이었던 내가 어떻게 상상조차 하지 못했던 소설가가 되었을까. 단지 재능 때문이라면 소설을 쓰기 위해 지난 몇 년 동안 내가 해왔던 노력은 별 의미가 없었다는 말이나 다름없었다. 정말 소설은 아무나가 아니라 재능이 있는 사람들만 쓸 수 있는 걸까? 나는 타고난 재능을 우연히 발견해 돌파구를 찾은 그저 운 좋은 사람일까?

먼저 생각해야 하는 건 재능이 아니다.

회사에 다니면서 쓴 웹소설 『영업사원 김유빈』은 상업적으로 상당한 성공을 일궈냈다. 연재 당시 판타지 소설 플랫폼인 문피아에서 유료 연재 일일 순위 10위 안에 꾸준히 랭크되었다. 완결 후 서비스된 단행본은 또 다른 플랫폼인 리디북스에서 월간 1위에 오르기까지 했다. 신입 작가로는 꽤 성공적인 데뷔였다.

여기까지만 보면 역시 재능이라고 말하겠지만, 사람들이 모르는 것이 있다. 『영업사원 김유빈』은 나의 첫 소설이 아니다. 그전에 쓴 『환수사』는 10개월 동안 연재했지만, 단 10원도 벌지 못했다. 유료로 연재할 만큼의 반응이 없었기 때문이다. 재능이 있었다면 바로 큰 성과를 내지는 못했더라도 어느 정도의 반응은 있었어야 맞는 게 아닐까?

『영업사원 김유빈』의 성과는 『환수사』의 과거를 모르는 내 주변 사람들에게는 재밌는 이야깃거리였지만, 동시에 자극이 되기도 한 모양이었다. 특히 친한 친구들이 그랬다. 평범하게 직장에 다니는 인간이 뜬금없이 소설을 써서 큰돈을 벌었다고 하니 그럴 만도 했다. '쟤가 할 수 있으면 나도 할 수 있다' 정도의 마인드랄까? 몇 번 책을 내려고 시도했지만, 여러 가지 이유로 접었던 한 친구는 다시 출판을 향한 의지를 불태웠다. 그리고 약사인 또 다른 친구는 나와 마찬가지로 웹소설에 흥미를 보였다.

백일장에서 상은커녕 일기조차 꾸준히 쓰지 않았던 나와 달리 친구는 학창 시절 나름 단편 소설을 써본 경험도 있었다. 내 실패와 성공의 경험을 토대로 조금만 방향 설정을 해주면 분명 잘 팔리는 판타지 소설을 쓸 수 있을 것 같았다. 한 가지 걸리는 점이 있다면 친구가 과거에는 무협지를 비롯한 판타지 소설을 좋아했지만, 최근에는 거의 읽지 않았다는 사실이었다.

결론적으로 친구의 소설은 성공하지 못했다. 플랫폼에 15화 정도를 연재한 그는 반응이 미약하자 금방 시들시들해졌다. 친구가 쓴 소설을 읽고 상당한 소질이 있다고 느꼈기에 더 안타까웠다. 그의 소설은 현재 플랫폼에서 유료로 연재되는 소설과 비교해도 문장, 스토리, 캐릭터 모두 뒤처지지 않았다. 다만, 웹소설과는 맞지 않는 부분이 많았다. 문장은 불필요하게 길었고 묘사가 많아서 전개가 느렸다. 대리만족이나 주인공에 이입할 부분도 적었다. 수정할 내용을 조언해줬지만, 친구는 듣지 않았다.

단편적인 예지만, 나는 이 일로 재능이 전부는 아니라는 것을 알 수 있었다. 친구는 판타지 소설을 좋아하거나 쓰고 싶어서가 아니라 내가 소설로 돈을 벌었기 때문에 글쓰기를 시도했다. 시작의 동기로는 충분했지만, 끈기 있게 100편 이상의 글을 쓰기에는 턱없이 부족했다. 또 다른 차이는 절실함이었다. 직장 생활을 하면서 힘들었던 나는 어떻게든 직장인의 삶에서 벗어나기 위해 오랫동안 고민하고 노력했다. 그런 상황에서 가능성이 보였던 웹소설은 나에게는 절대 놓칠 수 없는 동아줄이었다. 그에 반해 친구에게 판타지 소설은 인생까지 걸 만한 일은 아니었다.

어떤 콘텐츠로 1인 창업을 시도해도 마찬가지일 것이다. 우선은 일에 흥미가 있어야 한다. 개인 방송 콘텐츠로 게임을 선택했다면 좋아하지 않고는 오랫동안 방송을 이어가기가 쉽지 않다. 게다가 좋아하는 일을 한다고 해도 좀 더 높은 성과를 내려는 과정에서 위기가 찾아올 수밖에 없다. 절실함이 없다면 위기를 극복하고 끈기 있게 이어나갈 힘도 부족해지기 마련이다.

사람들은 어떤 분야에서 성공하지 못하는 이유를 대부분 재능에서 찾는다. 나중에 시간이 흐른 뒤 웹소설을 시도해본 친구가 나에게 말했다. 너처럼 글재주가 없어서 소설을 더 이어가지 못했다는 말이었다. 성공한 사람은 노력을 이야기하지만, 그렇지 않은 사람은 재능을 이야기한다. 이미 많은 연구에서 특출하게 뛰어난 사람의 조건으로 '재능'이 과대평가되고 있다는 사실은 확연하게 밝혀진 내용이다. 정말로 소설을 잘 쓰고 싶다면 재능 이전에 고려해야 할 사항은 내가 이 일을 얼마나 좋아하는가, 내가 얼마나 절실하게 잘 쓰고 싶은가이다.

그릿이 통하는 분야.

그럼 내 친구와 달리 판타지 소설을 좋아하고 포기하지 않을 정도의 절실한 마음이 있다면 누구든 웹소설을 써서 돈을 벌 수 있을까? 다른 요소도 작용하겠지만, 기본적으로 난 그렇다고 생각한다. 『직업으로서의 소설가』에서 저자인 무라카미 하루키는 이렇게 말한다.

'소설 따위'라는 말투는 약간 난폭하긴 합니다만 쓰려고 마음만 먹으면 거의 누구라도 쓸 수 있기 때문입니다. (…) 그런데 소설이라면 문장을 쓸 줄 알고(대개의 일본인은 쓸 수 있지요) 볼펜과 노트가 손맡에 있다면, 그리고 그 나름의 작화능력이 있다면, 전문적인 훈련 따위는 받지 않아도 일단 써져버립니다. 아니, 그보다 일단 소설이라는 형태가 만들어져버립니다. 인문계 대학에 다닐 필요도 없습니다. 소설을 쓰기 위한 전문 지식 따위, 있으나 마나 한 것이니까요.

나는 하루키 작가의 말에 반은 동의하고 반은 동의하지 않는다. 소설은 누구나 쓸 수 있다는 말에는 동의한다. 하지만 팔리는 소설을 쓰는 건 다른 이야기이기 때문이다. 단, 그가 소설이 아니라 웹소설이라고 했다면 반이 아니라 90%는 동의했을 것이다.

김진명 작가와 같이 특별한 경우를 제외하고 순문학 소설가가 인세만으로 먹고살 정도가 되려면 신춘문예나 문학상을 통해 등단해야 하는 것으로 알고 있다. 등단한다고 해서 미래가 보장되는 것도 아니다. 주목받은 소설 한 편을 끝으로 문학계에서 사라지는 소설가가 태반이라고 들었다. 그런 면에서 일반인이 이름까지 아는 소설가는 극소수다.

그에 반해 웹소설은 등단이라는 단어 자체가 존재하지 않는다. 컴퓨터를 켜고 로그인만 하면 글을 쓰고 독자를 만날 기회가 존재한다. 글을 엄청나게 잘 쓸 필요도 없다. 잘 쓰면 좋지만, 필수 조건은 아니다. 오히려 일반 소설처럼 비유나 은유 등을 사용해 문장이 길어지면 가독성을 해칠 수 있다. 소설에 따라 조금씩은 다르지만, 묘사 역시 거의 불필요하다. 웹소설을 비하하려는 게 아니다. 종이책으로 읽는 순문학 소설과 달리 웹소설은 대부분 작은 화면의 모바일을 통해 읽는다. 주로 1일 1연재 방식이라 의미 없는 내용을 나열해서는 100원을 내고 한 편을 구매하는 독자들을 계속해서 붙잡고 있을 수 없다.

웹소설의 성공 요소에는 대리만족, 빠른 전개, 참신한 스토리, 매력적인 캐릭터, 개연성 등이 있다. 모두 글을 쓰면서 배울 수 있는 것들이다. 첫 작품부터 성공의 요인을 잘 녹여내기는 쉽지 않다. 하지만 성공작을 참고해 계속 쓰다 보면 무명이더라도 독자들이 찾아줄 가능성이 크다.

어떤 이는 통계를 들먹이며 웹소설 시장에서도 극소수의 작가만이 먹고살 수 있다고 말한다. 그 예로 장르문학 플랫폼인 조아라의 통계를 근거로 삼는다. 통계에 따르면 2000년 출범 이후 17년 동안 사이트를 거쳐 간 작가만 15만 명, 약 46만 종의 작품이 있다고 한다. 이 중 독자들의 시선을 끈 작품은 불과 몇 편에 지나지 않는다는 것이다. 하지만 내용을 자세히 들여다보면 우선 통계의 분모가 되는 작가 수나 작품 수가 과잉 측정되었다는 것을 알 수 있다. 글을 쓰기 위해 플랫폼에 가입하고 5천 자 정도 되는 단 한 편의 글만 써도 조아라가 말하는 거쳐 간 작가와 작품에 포함되는 것이다.

만약 어떤 작가가 100화 정도 되는 글을 썼다고 치자. 이 작가가 맞춤법이나 문법은 엉망이고 시장성이나 트렌드도 고려하지 않은, 자신이 쓰고 싶은 글을 마음대로 썼다면 과연 진지하게 웹소설가를 업으로 삼은 사람으로 생각할 수 있을까? 통계는 이렇게 진지한 사람 중에 몇 명이 웹소설가로 성공했고 소설로 얼마를 벌었는지 따져봐야 유의미할 것이다.

1인 콘텐츠 창업의 대표적 예인 인터넷 개인 방송도 마찬가지다. 독자가 원하는 콘텐츠를 꾸준히 제공하면 완벽한 방송이나 영상이 아니더라도 수익이 나는 경우가 허다하다. 일단 수익이 나면 발전시켜 나가는 건 자신의 몫이다. 하지만 중요한 건 누구든 포기만 하지 않으면 수익을 낼 수 있다는 사실이다. 괜스레 통계만 보고 노력해도 안 되겠다는 마음을 가질 필요가 없다. 1인 콘텐츠 창업을 해야겠다는 마음이 들었다면, 일단 재능은 잊어버리자. 몇몇 다른 분야에서는 재능이 무엇보다 중요할 수도 있겠지만, 1인 콘텐츠 창업만큼은 재능이 없어도 끝까지 해내는 '그릿(grit)'만 있어도 평균의 성과는 낼 수 있다.

진정으로 원하는 삶을 살자

여행지나 맛집을 고를 때 인터넷 검색을 통해 다른 사람들이 많이 방문한 곳, 맛있다고 한 음식점을 찾는 이유는 이미 입증되었다고 생각하기 때문이다. 혹은 발품을 팔지 않아도 되니 효율적이라고 생각할 수도 있다. 하지만 남들이 다 맛있다고 해도 내 입맛에는 안 맞을 수 있고 사진에는 멋지게 나온 풍경이 실제로 가면 초라할 수 있다. 반면에 유명하지는 않아도 음식이 맛있다면 기대 이상의 쾌감을 얻는다. 잘 알려지지 않았지만, 내가 직접 길을 헤매다가 찾은 멋진 풍경은 메신저 프로필을 장식할 나만의 장소가 된다. 둘 다 경험해본 사람은 알겠지만, 더 기억에 남고 할 이야기가 많은 쪽은 내가 직접 찾은 음식점과 여행지다.

인생도 크게 다르지 않다. 길이 잘 닦여 있어 많은 사람이 사용하는 도로는 가기도 편하고 안전하다. 하지만 지나고 난 후에 크게 기억에 남지 않는다. 반대로 남들이 잘 가지 않는 비포장도로를 선택했다고 하자. 길은 울퉁불퉁해 엉덩이는 아프고 밤에는 어두워 이정표가 제대로 보이지 않을 수 있다. 지금 가는 길이 맞는 길인지 확신할 수도 없다. 하지만 그 길을 걷는 동안은 제대로 가기 위해 깨어 있는 상태로 최선을 다할 것이다. 그렇게 가다 보면 아름다운 오솔길을 발견할 수도 있고 푸른 바다를 만날 수도 있다. 그리고 언젠가 종착지에 도착했을 때, 미소 지으며 이렇게 말할 수 있을 것이다.

"인생 한번, 재밌게 잘 살았다."

퇴사한 지, 어느덧 2년이 훌쩍 지났다. 고속도로를 달리다가 삼천포로 빠졌지만 나는 이 길이 어디로 향하는지 아직 모른다. 한 가지 확실한 건 지금껏 살아온 어느 때보다 살아 있음을 느낀다는 점이다. 버티면서 시간을 흘려보낼 때와 달리 능동적으로 일과 삶을 조각하면서 보낸 하루는 뿌듯하다. 미래는 불확실하지만, 앞으로 어떤 삶이 펼쳐질지 생각하면 가슴이 두근거린다. 가능성이 무한하기 때문이다.

혼자 일하기가 모든 사람에게 맞지 않는다는 것은 잘 알고 있다. 하지만 최소한 나에게는 만족스러운 방식이다. 우선 일을 대하는 태도가 백팔십도 달라졌다. 힘든 건 여전하지만 더는 일을 싫어하지 않게 되었다. 자발적인 야근에도 눈빛은 살아 있다. 과거에는 백수가 체질이라고 생각했지만, 지금은 일에 몰입하는 나 자신을 자주 만난다.

무엇보다 좋은 건 아침에 새벽같이 일어나지 않아도 된다는 점이다. 게으름을 이야기하는 게 아니다. 일하면서 내가 집중할 수 있는 시간은 오후와 저녁 시간이라는 사실을 알게 되었다. 그럼에도 불구하고 직장인으로 살았던 7년 동안 기상 시간은 6시 전후였다. 종일 피곤했던 하루가 아침에 푹 잘 수 있게 되면서 상쾌한 하루로 바뀌었다.

삶은 지극히 단순해졌다. 전화기는 조용해졌고 만나는 사람의 수는 확 줄었다. 대신 내가 좋아하는 사람과 연락할 시간은 많아졌다. 가끔 수다를 떨고 싶을 때도 있지만, 견딜 만한 정도다. 30년 이상을 인간관계로 충분히 복잡하게 살아왔다. 그래서 단순함이 주는 감정의 평온함과 맑은 머리가 더 고맙게 느껴진다.

세상의 시스템에서도 어느 정도 자유로워졌다. 주중과 주말, 달력의 검은 숫자와 붉은 숫자의 경계가 무의미해졌다. 아직은 주 5일에 이틀 휴식을 원칙으로 삼고 있지만, 번잡함을 피하려고 많은 사람이 놀러 나가는 주말과 공휴일에는 일한다.

맛집은 평일 예약이 쉬워서 좋다. 어떤 이에게는 중요하지 않은 작은 변화겠지만, 자유의 욕구가 강한 나에게는 의미 있는 변화다.

모험의 사전적 정의는 '위험을 무릅쓰고 어떤 일을 함'이다. 대부분의 사람은 모험을 싫어한다. 죽기 전에 후회할 걸 뻔히 알면서도 위험을 무릅쓰고 싶지 않기 때문이다. 나도 마찬가지였다. 직장인의 삶은 불만족스러웠지만, 직장 밖으로 나갈 배짱은 없었다. 하지만 가만히 있을 수는 없었다. 가장 큰 위험은, 알면서도 아무것도 하지 않는 것이니까. 그래서 위험을 최소화하면서 내가 원하는 삶을 살 방법을 열심히 찾았다. 진정 변화를 원한다면 그 정도 노력은 할 수 있지 않을까?

값 13,800원
ISBN 979-11-90312-06-6

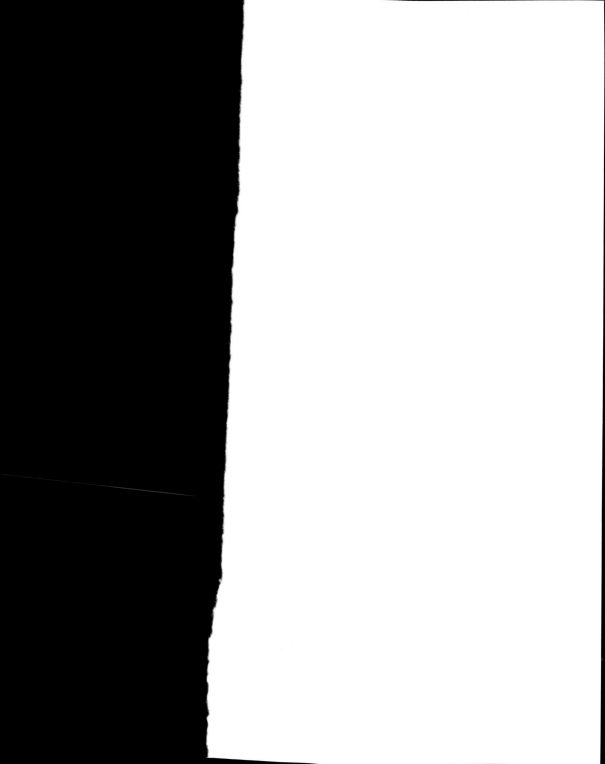